U0866994

高等院校通识教育课程教材

大学生安全教育

主　编 / 吴莹莹　韩亚平　杨　珲
副主编 / 辜跃辉
参　编 / 吴　真

DAXUESHENG
ANQUAN JIAOYU

北京师范大学出版集团
BEIJING NORMAL UNIVERSITY PUBLISHING GROUP
北京师范大学出版社

图书在版编目(CIP)数据

大学生安全教育/吴莹莹，韩亚平主编. —北京：北京师范大学出版社，2022.8

ISBN 978-7-303-26856-6

Ⅰ. ①大…　Ⅱ. ①吴…②韩…　Ⅲ. ①大学生-安全教育　Ⅳ. ①G641

中国版本图书馆 CIP 数据核字(2021)第 040174 号

营 销 中 心 电 话　010-58802181　58805532

出版发行：北京师范大学出版社　www.bnupg.com
北京市西城区新街口外大街 12-3 号
邮政编码：100088

印　　刷：北京虎彩文化传播有限公司
经　　销：全国新华书店
开　　本：787 mm×1092 mm　1/16
印　　张：11.25
字　　数：245 千字
版 印 次：2022 年 8 月第 1 版第 2 次印刷
定　　价：45.00 元

策划编辑：刘风娟　　责任编辑：刘风娟
美术编辑：刘　超　　装帧设计：刘　超
责任校对：陈　民　　责任印制：赵　龙

版权所有　侵权必究

反盗版、侵权举报电话：010-58800697
北京读者服务部电话：010-58808104
外埠邮购电话：010-58808083
本书如有印装质量问题，请与印制管理部联系调换。
印制管理部电话：010-58804922

京师 E 课资源扫一扫用户操作说明

1. 扫码登录。已注册过京师 E 课的用户直接登录，未注册的用户用手机号注册后登录。

2. 登录成功后，弹出激活弹框，输入激活码（UnAmhbXh）进行激活。

3. 激活后，即可使用。

4. 说明。

①每本书只需要激活一次。

②如果已激活，登录后扫码即可查看。

③在登录不过期时，再次扫描不需要重新登录。

扫码查看资源

前言

Preface

大学生安全教育是高校思想政治教育的一个重要内容，也是大学生知识体系不可缺少的重要组成部分。因此，抓好大学生安全教育，对于加强高等院校的日常管理，维护学校的正常教学、科研及生活秩序，保障学生人身和财物安全，促进学生健康心理的形成，都具有十分重要的现实意义和战略意义。按照习近平总书记对安全教育的相关要求，大学生的安全教育是一个重大的课题，针对高校学生开展安全教育的任务仍然艰巨。本教材根据相关文件进行编写，其根本目的和根本任务就是提高大学生的安全防范意识，促使大学生主动掌握一些安全技能和技巧，既可以保护自身，又可以帮助他人。

本书内容充实、体例新颖，意在提高学生的学习兴趣，进而更好地帮助他们掌握理论知识及相关的安全技能。本书既从理论上对安全问题作了阐述，又在实操中对防御措施和应对方法进行了介绍，希望能够带给大家实际的帮助。

本书具有以下三个特点。

1. **内容全面。**本书面向大学生，因此力求在内容上能够做到比较全面，基本涵盖大学生日常学习生活的方方面面，希望为他们的平安提供更多的指导和帮助。

2. **贴近现实。**本书对每个领域安全风险的总结和分析，都是大学生容易遇到和发生的风险，尽可能做到准确到位，贴近现实。本书所提供的安全提示和建议具有针对性和可操作性，并突出其实用性。

3. **时代性强。**本书的章节编排穿插案例，所选案例都是最近一个时期大学生身边发生并经媒体报道的较为普遍、典型、新颖的案例，具有借鉴反思价值。本书极具时代气息，语言简练，朴实无华，可读性强。

在本书的编写过程中，编者参阅了大量的有关安全及大学生安全教育的书籍，也参考了部分大型网站上的资料，并引用了其中的某些内容，在此一并表示感谢。

由于编者水平有限，书中难免有不妥之处，敬请各位专家及广大读者提出宝贵意见，以便修订完善。

编　者

目录

Contents

专题一 国家安全

1.1 国家安全的基本内容 …… 2
1.2 国家秘密 …… 7

专题二 人身安全

2.1 食品、用药安全与传染病预防 …… 13
2.2 女大学生性侵害安全防范 …… 27

专题三 财产安全

3.1 防范盗窃 …… 35
3.2 防范诈骗 …… 41
3.3 防范抢劫和抢夺 …… 45

专题四 交通安全

4.1 交通安全常识 …… 52
4.2 大学生常见交通事故的类型、原因及预防 …… 60

专题五 消除火患

5.1 消防安全与火灾 …… 68
5.2 火灾的预防及其措施 …… 71
5.3 灭火的方法 …… 77
5.4 火场自救及逃生 …… 78

专题六 网络安全

6.1 大学生与网络安全 …… 88
6.2 预防网络犯罪 …… 92
6.3 健康合理上网 …… 96

专题七 心理健康与安全

7.1 大学生心理健康概述 …… 103
7.2 大学生常见心理问题及其预防 …… 106
7.3 大学生常见精神疾病 …… 117

专题八 实践与求职安全

8.1 实验教学的安全 …… 130
8.2 实习安全 …… 134
8.3 大学生求职安全 …… 137

专题九 自护自救

9.1 一般事件预防与自救 …… 148
9.2 户外活动安全预防与自救 …… 162

参考文献 …… 171

专题一
国家安全

1.1 国家安全的基本内容

1.2 国家秘密

国家安全教育是大学生安全教育的主要内容之一。随着我国经济政治的发展和科学技术的进步以及世界形势的发展变化，我国面临的国际环境更加复杂。国家安全问题不再是孤立的外部或内部安全问题。所以，高校对大学生进行国家安全教育是极其必要的。保守国家秘密就是保护国家安全利益。危害国家安全的，要承担相应的刑事责任或者行政责任。构建健康、稳定、和谐的高校校园是全面建设社会主义和谐社会的前提，对社会的整体稳定有举足轻重的作用和重要的意义，是落实党的十八大精神和科学发展观的必然要求，也是现代大学孜孜以求的理想，而大学生是维护校园稳定的主体。因此，国家安全与校园稳定为首先要谈的问题。

1.1 国家安全的基本内容

案例点击

杨某是某高校研究生，在赴日学习期间，杨某被某敌特组织策反，回到中国后，杨某常利用节假日等空闲时间，借助旅游的名义，对一些军事禁区进行拍照，并以密文发送的方式将收集到的资料提供给该敌特组织。杨某后被国家安全机关逮捕。

【专家点评】

杨某作为一名接受国家多年培养的研究生，本应为国家的发展贡献自己的力量，但杨某在面对金钱、物质的诱惑之时，没有能够坚定自己的立场，被敌特组织策反，并为该组织收集我国相关的军事资料。杨某这种出卖自己人格的行为，不仅使自己付出惨痛的代价，也让培养他多年的亲人、师长感到痛心。

一、国家安全的概念

国家安全就是一个国家处于没有危险的客观状态，也就是国家既没有外部的威胁和侵害，又没有内部的混乱和疾患的客观状态。

首先，国家安全是一个国家处于没有外部的侵害和威胁的一种客观状态。国家外部的威胁与侵害，可以分为外部自然界的侵害和威胁以及外部社会的侵害和威胁两大类。其中外部社会的侵害和威胁主要是指本国之外的其他社会对本国的威胁和侵害，根据侵害者的不同和威胁的不同，可以将这种外部侵害和威胁分为以下几种类型。

(1)其他国家的威胁；

(2)非国家的其他外部社会组织和个人的威胁，如某些国际组织或地区组织对某国的威胁和侵害；

(3)国内力量在外部所形成的威胁和侵害，如国内反叛组织在国外从事的威胁和侵害本国的活动。

其次，国家安全是一个国家处于没有内部的疾患和混乱的一种客观状态。侵害国家安全的侵害者不仅仅来源于国家的外部，有时还出现于国家的内部。国家内部发生的各种形式的疾患或者混乱、动乱、骚乱、暴乱，都将直接危害国家的安全，危害到国家的生存。因此，在判定一个国家是否处于安全状态时，只考虑该国家有没有外部的侵害和威胁是不全面的，还要考虑该国家有没有内部的疾患和混乱。

最后，一个国家只有满足内部和外部同时稳定的条件，才能被认定是安全的。无论是“没有外部的侵害和威胁”，还是“没有内部的疾患和混乱”，都不是国家安全的唯一属性，单独从这两方面中的任一方面来定义国家安全，都是片面的、无效的，并不能完全区分国家安全与否。只有将这两方面统一，表述为“既没有外部的侵害和威胁，也没有内部的疾患和混乱”，才是国家安全的特有属性，才能区分国家安全与否，形成一个真实有效的定义：“国家安全是一个国家既没有外部的侵害与威胁，也没有内部的疾患和混乱的一种客观状态。”

国家安全有广义和狭义之分。广义的国家安全是指国家的主权统一、独立，领土神圣不可侵犯，以及公共秩序、社会秩序、公民和国家的财产及其他权利等各方面的安全。狭义的国家安全仅指国家的政权以及与政权直接相关的政治制度和经济制度的安全。国家安全的构成包括“源生性安全”的国家安全——国民安全、国土安全、经济安全、主权安全、政治安全、军事安全；也包括“派生性安全”的国家安全——文化安全、科技安全、生态安全、信息安全。

二、我国国家安全的特点

我国是一个海陆疆界漫长的国家，与我国陆地接壤的国家有朝鲜、俄罗斯、蒙古国、吉尔吉斯斯坦、塔吉克斯坦、哈萨克斯坦、印度、阿富汗、巴基斯坦、尼泊尔、不丹、老挝、越南、缅甸14个。随着东欧剧变和东西方冷战结束，我国周边国家也都在谋求稳定、增强合作、促进发展。我国睦邻友好的周边外交政策取得了显著成效，周边安全的总体形势处于新中国成立以来的较好时期，很多陆域疆界的问题都解决了，跟很多国家建立了良好的关系。但是由于我国接壤的国家比较多，历史遗留问题也比较多，我国国家安全仍然受到不同种类、不同性质、不同方向的威胁。对我国安全的主要威胁是西方主要资本主义国家对我国的政治、经济、军事的综合性的现实的并将长期存在的威胁，主要表现为“意识形态上的对立”“社会主义制度和资本主义制度是两种不同的社会制度，是根本对立的”。

另外，台湾问题等一系列安全隐患都是我们现在所面对的内部安全问题，这些问题解决不好同样会严重影响国家的安定和谐，同样会极大地破坏国家发展的大好形势。

我国国家安全问题不是孤立的外部或内部安全问题，而是呈现出一些新的特点，表现得更为复杂，具体表现在以下几方面。

一是国内安全国际化。在信息化时代，由于各国利益的交织，任何一国特别是大国内部问题的解决往往都会有国际因素的牵扯和阻挠。我国的人权问题与台湾问题，都是中国的内部问题，但同样受到国际反华势力的干涉和阻挠。

二是国际安全国内化。信息化时代，大国发展面临的安全威胁主要表现为对“发展条件”(即资源、市场等)的威胁。国际上的安全形势一旦引发国家在资源和市场需求上的重大变化，就可能导致国家内部安全形势的不稳定。中国的国内安全也与国际安全息息相关，国际安全形势会直接影响国内安全形势的发展。

三是安全领域扩大化。国家安全不仅包括政治安全和军事安全，还扩展到经济领域和文化领域；不但有传统安全，还有恐怖主义、跨国犯罪、毒品走私等非传统安全问题。所有这些无疑会导致国家安全内涵和外延的扩大化。

显然，上述复杂的安全形势对国防建设提出了更高的要求，具体表现在以下几方面。

一是对国防实力的要求更高。在信息化时代，和平崛起的大国要走独立自主的发展道路，就必须有足够的实力来排除外来的干扰，特别是来自霸权国家的军事干扰。这就要求有更强大的国防实力做保障。

二是对协调发展的要求更高。国防建设不但要能有效地保障国家的经济发展，而且要发挥促进国家经济发展的作用，不能因为国防建设而损害国家经济的发展。

三是对国防斗争手段的要求更高。在当代，战争作为一种解决国家利益的手段已越来越不被主流国际社会支持，但战争作为解决国家间冲突的最后手段并没有被放弃。这就意味着，国家在具备“胜战”的基础上，国防斗争的立足点应是“不战而屈人之兵”。

此外，随着社会的发展，经济、政治、外交、文化、科技在国家实力的构成比重变大，对国家崛起的作用凸显。非军事手段在国家间利益的博弈中，发挥着越来越广泛的作用。军事手段作为维护国家利益的根本手段、最终手段，在更多的时候需要加强与国家的经济、政治、外交、文化、科技手段等的相互配合和支援，从而使国防斗争的手段具有高度的灵活性、协调性、可操作性等。

三、维护国家安全的基本内容

随着我国改革开放的深入，越来越多的境外人员来到我国高校进行参观访问、举办讲座、科技合作、留学、讲学等活动，高校的国家安全工作也面临着许多新问题。为了使大学生能正确认识改革开放条件下隐藏的斗争的新形式和新特点，提高自身的国家安全意识，自觉地抵御境内外敌对势力的渗透活动，当前应重点抓好大学生的“三项教育”工作，强化大学生的“三种意识”。

一是抓好《中华人民共和国国家安全法》(以下简称《国家安全法》)等法律法规的宣传教育工作，增强大学生的守法意识。学校应充分利用校报、校内广播等宣传工具，在全校范围内开展《国家安全法》等法律法规的宣传教育工作，使每一位大学生充分认识国家安全与国家存亡间的关系，从而使每一位大学生产生维护国家安全的责任心和使命感。

二是抓好大学生爱国主义教育，强化大学生责任意识。在开展大学生爱国主义教育时，通过联系中国近代史，联系改革开放以来全国各条战线所取得的巨大成就，增强大学生对党和国家的向心力和凝聚力，激发大学生的民族自豪感和民族自尊心。

三是抓好大学生保密教育，强化大学生防范意识。保密工作与党和国家的安全、经济建设和社会发展的大局紧密相关。因此，学校应积极开展大学生保密工作教育，增强大学生保密意识和敌情观念，使每一位大学生在对外交往的过程中自觉遵守各项保密制度和相关规定，严守党和国家的秘密信息。

四、危害国家安全的主要后果和法律责任

《中华人民共和国刑法》第二编第一章《危害国家安全罪》明确规定了危害国家安全的主要后果及所需承担的法律责任，列举如下。

第一百零二条　勾结外国，危害中华人民共和国的主权、领土完整和安全的，处无期徒刑或者十年以上有期徒刑。

与境外机构、组织、个人相勾结，犯前款罪的，依照前款的规定处罚。

第一百零三条　组织、策划、实施分裂国家、破坏国家统一的，对首要分子或者罪行重大的，处无期徒刑或者十年以上有期徒刑；对积极参加的，处三年以上十年以下有期徒刑；对其他参加的，处三年以下有期徒刑、拘役、管制或者剥夺政治权利。

煽动分裂国家、破坏国家统一的，处五年以下有期徒刑、拘役、管制或者剥夺政治权利；首要分子或者罪行重大的，处五年以上有期徒刑。

第一百零四条　组织、策划、实施武装叛乱或者武装暴乱的，对首要分子或者罪行重大的，处无期徒刑或者十年以上有期徒刑；对积极参加的，处三年以上十年以下有期徒刑；对其他参加的，处三年以下有期徒刑、拘役、管制或者剥夺政治权利。

策动、胁迫、勾引、收买国家机关工作人员、武装部队人员、人民警察、民兵进行武装叛乱或者武装暴乱的，依照前款的规定从重处罚。

第一百零五条　组织、策划、实施颠覆国家政权、推翻社会主义制度的，对首要分子或者罪行重大的，处无期徒刑或者十年以上有期徒刑；对积极参加的，处三年以上十年以下有期徒刑；对其他参加的，处三年以下有期徒刑、拘役、管制或者剥夺政治权利。

以造谣、诽谤或者其他方式煽动颠覆国家政权、推翻社会主义制度的，处五年以下有期徒刑、拘役、管制或者剥夺政治权利；首要分子或者罪行重大的，处五年以上有期

徒刑。

第一百零六条 与境外机构、组织、个人相勾结，实施本章第一百零三条、第一百零四条、第一百零五条规定之罪的，依照各该条的规定从重处罚。

第一百零七条 境内外机构、组织或者个人资助实施本章第一百零二条、第一百零三条、第一百零四条、第一百零五条规定之罪的，对直接责任人员，处五年以下有期徒刑、拘役、管制或者剥夺政治权利；情节严重的，处五年以上有期徒刑。

第一百零八条 投敌叛变的，处三年以上十年以下有期徒刑；情节严重或者带领武装部队人员、人民警察、民兵投敌叛变的，处十年以上有期徒刑或者无期徒刑。

第一百零九条 国家机关工作人员在履行公务期间，擅离岗位，叛逃境外或者在境外叛逃的，处五年以下有期徒刑、拘役、管制或者剥夺政治权利；情节严重的，处五年以上十年以下有期徒刑。

掌握国家秘密的国家工作人员叛逃境外或者在境外叛逃的，依照前款的规定从重处罚。

第一百一十条 有下列间谍行为之一，危害国家安全的，处十年以上有期徒刑或者无期徒刑；情节较轻的，处三年以上十年以下有期徒刑：

(1)参加间谍组织或者接受间谍组织及其代理人的任务的；

(2)为敌人指示轰击目标的。

第一百一十一条 为境外的机构、组织、人员窃取、刺探、收买、非法提供国家秘密或者情报的，处五年以上十年以下有期徒刑；情节特别严重的，处十年以上有期徒刑或者无期徒刑；情节较轻的，处五年以下有期徒刑、拘役、管制或者剥夺政治权利。

第一百一十二条 战时供给敌人武器装备、军用物资资敌的，处十年以上有期徒刑或者无期徒刑；情节较轻的，处三年以上十年以下有期徒刑。

第一百一十三条 本章上述危害国家安全罪行中，除第一百零三条第二款、第一百零五条、第一百零七条、第一百零九条外，对国家和人民危害特别严重、情节特别恶劣的，可以判处死刑。

犯以上之罪的，可以并处没收财产。

1.2 国家秘密

案例点击

某大学讲师刘某，在美国自费留学期间，被驻美的中国台湾当局间谍策反。该间谍以交朋友为名与刘某结交后，从刘某的日常生活入手，时常给刘某购买礼物，陪同刘某外出旅游，以谈论台湾地区和大陆的生活为借口，给刘某观看中国台湾地区出版的淫秽电影，并带刘某出入夜总会等娱乐场所。刘某逐渐被这种生活方式腐蚀，最终完全听命于间谍人员的摆布。后刘某被秘密带到中国台北，参加该间谍组织，并进行了为期3个月的间谍训练，训练结束后，刘某被秘密派回中国大陆，以教师的身份为掩护，利用所学到的间谍手段，在各种机会下，收集我国政治、经济、军事、科技情报，密报给台湾地区的间谍机关，并领取活动经费。刘某后来被国家安全机关逮捕，判处12年有期徒刑。

【专家点评】

随着我国改革开放的深入，一些人在接受西方的价值观念的同时，迷失了自我，扭曲了自己的灵魂，为了得到自己理想中的生活，不惜出卖国家和同胞的共同利益，最终等待他们的必定是法律的严惩。

一、国家秘密的含义及密级划分

(一)国家秘密的含义

国家秘密是指关系国家的安全和利益，依照法定程序确定，在一定时间内只限一定范围的人员知悉的事项。具体包括下列事项。

(1)国家事务重大决策中的秘密事项。

(2)国防建设和武装力量活动中的秘密事项。

(3)外交和外事活动中的秘密事项以及对外承担保密义务的私密事项。

(4)国民经济和社会发展中的秘密事项。

(5)科学技术中的秘密事项。

(6)维护国家安全活动和追查刑事犯罪中的秘密事项。

(7)经国家保密行政管理部门确定的其他国家秘密事项。

政党的秘密事件中符合前款规定的，属于国家秘密。

(二)国家秘密的密级划分

《中华人民共和国保守国家秘密法》第十条规定，国家秘密的密级分为绝密、机密、秘密三级。绝密级国家秘密是最重要的国家秘密，泄露会使国家的安全和利益遭受特别严重的损害；机密级国家秘密是重要的国家秘密，泄露会使国家的安全和利益遭受严重的损害；秘密级国家秘密是一般的国家秘密，泄露会使国家的安全和利益遭受损害。

保守国家秘密按其工作对象分为：科学技术保密、经济保密、涉外保密、宣传报道保密、公文保密、会议保密、政法保密、军事军工保密、通信保密、电子计算机保密等。

(三)失密、泄密的原因

尽管保守国家秘密有非常重要的现实意义，但还是经常会有一些国家秘密失密和泄密，这究竟是什么原因呢？有关部门通过调查分析后，认为造成国家秘密失密、泄密的原因主要有以下几方面。

(1)由于新闻出版工作的失误造成的泄密。境外的一些中国问题专家在讨论收集中国情报的主要方法时，认为分析和研究中国的出版物是收集中国情报的主要手段。我国新闻泄密案件频发于科技、经济方面，这不仅给我国带来了巨大的损失，也在政治上产生了严重的影响。境外谍报组织广泛收集我国公开发行的报纸、杂志、刊物、官方报告以及车船、飞机时刻表等信息，通过筛选后让专家分析研究相关数据，借此获取我国情报。

(2)在不适宜的场所公开展示内部秘密。这种行为是违反我国保密制度的行为，主要表现为在接待外来人员的参观、访问、贸易、洽谈之时，随意地展示内部宝贵的资料，使得内部宝贵秘密泄露。

(3)使用手机、电话、传真等互联网技术时操作不当，造成泄密。随着科学技术的不断发展，一些谍报组织通过借助先进的间谍工具进行窃听、窃照、截取电子信号等方法获取机密。

(4)保密观念不强。有些保密观念不强的人，将秘密资料、记录本等宝贵资料随身携带，遇到丢失、被抢、被盗等突发情况时，便会造成资料的泄密。

(5)保密意识淡薄。有些保密意识淡薄的人，不分场合，在日常交谈中随意涉及国家机密，若被谍报人员听到，便会造成泄密。

二、保守国家秘密的重要意义

1. 国家秘密事关国家安全，保守国家秘密就是保护国家安全利益

西方敌对势力和“台独”势力千方百计地窃取我国政治、军事、国防科技等诸方面的情

报，以便了解和掌握我国国防军事实力。一旦获得这些情报，他们将采取措施危害我们国家的安全，达到其不可告人的目的。

2. 保守国家秘密关系国家经济利益

当今世界国际竞争突出表现在经济实力方面的竞争。许多国家为此想方设法窃取他国的经济、科技情报。如果我国的相关国家秘密被窃取，将给我国经济利益带来巨大的损失。

安全字典

发现国家秘密已经或可能泄露时，应当采取以下措施。

(1)拾获属于国家秘密的文件、资料和其他物品，应当及时送交有关机关、单位或保密工作部门。

(2)发现有人买卖属于国家秘密的文件、资料和其他物品，应当及时报告保密工作部门或者公安、国家安全机关。

(3)发现有人盗窃、抢夺属于国家秘密的文件、资料和其他物品，公民有权制止，并应当立即报告保密工作部门或者公安、国家安全机关。

(4)发现泄露或可能泄露国家秘密的线索，应当及时向有关机关、单位或保密工作部门举报。

三、大学生要自觉保守国家秘密

大学生在高校里学习，有些专业的大学生会参与一些国家科研项目的研究，有的会直接接触一些科研秘密。因此，大学生头脑里要有敌情观念，绝不能因为自己的保密意识淡薄，麻痹大意，最终给国家、社会和人民造成不应有的损失。具体说来，在保守国家秘密方面，大学生要注意自觉做到以下几点。

(1)认真学习《中华人民共和国保守国家秘密法》及相关的保密法律法规，学习保密常识，接受保密知识教育，正确认识保密与窃密的斗争，增强保密意识。

(2)提高防范意识，在对外交往中坚持内外有别。在与外籍人员接触、交往过程中，凡涉及国家机密的内容，要么回避，要么按上级的对外口径回答，不要随便涉及内部的人事组织、社会治安状况、科技成果、技术诀窍和经济建设中各种未公开的数据资料。在与境外人员接触时不带秘密文件、资料和记有秘密事项的记录本，对方直接索取科技成果、资料、样品或公开询问我国内部秘密时，要区别情况，灵活予以拒绝。未经主管部门批准，不带境外人员参观或进入非开放区。不准境外人员利用学术交流、讲课的机会进行系统的社会调查。未经有关部门批准，不得填写境外人员所发的各种调查表，或替他们写社会调查方面的文章。

(3)在媒体上发布信息或新闻时，注意遵守保密原则，不得随意刊载有关国防、科研等事关国家机密的事项，参加国际学术会议或在国外刊物上发表文章，要按规定办理审查手续。不得为境外人员提供或代购内部读物和资料。

(4)严格遵守保密制度。做到：不该说的机密，绝对不说；不该问的机密，绝对不问；不该看的机密，绝对不看；不该记录的机密，绝对不记录；不在普通电话、明码电报、普通邮局传达机密事项；不携带机密材料游览、参观、探亲、访友和出入公共场所；不在通信中谈及国家机密，不在普通邮件中夹带任何保密资料。

(5)提高警惕，与泄密或窃密行为做斗争。在平时的工作或生活中，若无意中发现国家秘密失密或遭到窃取的迹象，为了保守国家秘密，应立即果断采取相应的措施。

保密是公民的义务，也是我们大学生的社会责任。每个大学生应该自觉贯彻遵守保密法规，自觉履行保密义务，坚决同泄密行为和窃密行径做斗争。

知识汇总

1. 国家安全就是一个国家处于没有危险的客观状态，也就是国家既没有外部的威胁和侵害，又没有内部的混乱和疾患的客观状态。具体说来：首先，国家安全是国家没有外部的威胁与侵害的客观状态；其次，国家安全是国家没有内部的混乱与疾患的客观状态；最后，只有在同时没有内外两方面危害的条件下，国家才安全，因此，只有这两方面的统一，才是国家安全的特有属性。

2. 我国国家安全问题不是孤立的外部或内部安全问题，其呈现出一些新的特点，表现得更为复杂。具体表现在：一是国内安全国际化；二是国际安全国内化；三是安全领域扩大化。

3. 当前，对于高校来说，在维护国家安全方面应重点抓好“三项教育”，强化大学生“三种意识”。

(1)抓好《国家安全法》等法律法规的宣传教育，提高大学生守法意识。

(2)抓好爱国主义教育，强化大学生责任意识。

(3)抓好保密教育，强化大学生防范意识。

4. 国家秘密具体包括下列事项。

(1)国家事务重大决策中的秘密事项。

(2)国防建设和武装力量活动中的秘密事项。

(3)外交和外事活动中的秘密事项以及对外承担保密义务的秘密事项。

(4)国民经济和社会发展中的秘密事项。

(5)科学技术中的秘密事项。

(6)维护国家安全活动和追查刑事犯罪中的秘密事项。

(7)经国家保密行政管理部门确定的其他国家秘密事项。

政党的秘密事项中符合前款规定的，属于国家秘密。

5. 保守国家秘密具有重要意义：

(1)国家秘密事关国家安全，保守国家秘密就是保护国家安全利益。

(2)保守国家秘密关系国家经济利益。

(3)保守国家秘密关系到每一个公民的切身利益。

专题二
人身安全

2.1 食品、用药安全与传染病预防

2.2 女大学生性侵害安全防范

大学生正值大好青春年华，精力充沛，创造力无限，是国家未来的栋梁之材，其人身安全是大学校园内的头等大事，关系着国家教育事业的发展和大学校园的稳定与和谐发展，每个大学生在学习生活中的各个方面都要增强自我安全意识，加强安全防范。大学生的身体健康与饮食的卫生与安全及生病后的正确用药息息相关，正确认识食品安全的重要性，树立科学的食品卫生观念和养成良好的食品卫生习惯，养成合理用药的习惯，掌握日常安全用药的基本常识和传染病的基本特征，注意做好传染病的预防，尤其做好艾滋病的预防，对于校园建设和大学生的人身安全尤为重要。对于女大学生来说，一定要增强自我保护意识，配合学校和有关部门有效预防和打击高校性侵害。

2.1 食品、用药安全与传染病预防

案例点击

某大学的食堂曾发生一起集体食物中毒事件。若干名在该食堂用餐的学生陆续出现恶心、呕吐、腹痛和腹泻等症状，送到医院经过紧急治疗后，除了个别学生因头晕、头痛、胸闷、心慌以及胃部灼烧感需要继续留院观察外，其余学生均康复出院。经调查，中毒学生均食用过未熟透的四季豆。

【专家点评】

四季豆中毒与红细胞凝集素和皂苷有关。豆荚中含有皂苷，对消化道具有强烈的刺激性，可引起出血性炎症，并且对红细胞具有溶解作用。但是加热到100℃，经过烧熟煮透后，就可以破坏其毒性。此外，豆粒中含有红细胞凝集素，具有红细胞凝集作用，如果加热得不够充分，毒素没有完全分解，也可引起中毒。卫生监督人员发现，该食堂各种饭菜的加工量较大，翻炒不均，受热不匀，四季豆未烧熟焖透，毒素没有完全破坏，造成了本次集体中毒事件。

此次学校发生集体食物中毒事件，严重影响了学生的身体健康和正常学习，也引起了学生的恐慌，影响了校园的和谐与稳定。因此，大学食堂要吸取经验教训，最好不要供应四季豆菜品，以避免因加工不当引起集体食物中毒事件。同时，大学生也要学会识别四季豆、菜豆一类的食品是否熟透。

发生在大学生身上的食物中毒事件，提醒我们在日常生活当中要认识并预防食物中毒，注意饮食安全。

一、食品卫生与安全

正确认识食品安全的重要性，树立科学的食品卫生观念和养成良好的食品卫生习惯，对大学生来说尤为重要。日常饮食中，我们除了要根据自身的情况合理调配食谱外，更应加倍注意食物中毒问题。

（一）食物中毒的预防

在日常生活中，因食用被细菌或毒素污染的食物而引起的食物中毒的病例屡见不鲜，下面介绍一些预防细菌性食物中毒的知识。

首先，厨房要及时打扫，食品要妥善保管，加工食品的生熟器具要分开。剩饭剩菜要放进冰箱，防止腐败，越是营养价值高的食品，腐败变质以后引起的食物中毒越严重。如果出现停电或者冰箱故障等情况，导致冰冻层的食品解冻，人们在进食这些食品时，也容易发生食物中毒。

其次，不购买生产来源不明的食品。鉴别食品质量的优劣，是预防食物中毒的重中之重。

再次，学生应尽量在校内食堂就餐。学校食堂有严格的卫生消毒和卫生监督条件，一般不会发生细菌性食物中毒。学生在校外就餐时，要选择卫生条件好的餐馆就餐，在街头的露天小摊等卫生状况堪忧的地方就餐，极有可能引起急性肠胃病。

安全字典

食品安全关系到每个人的生命安全与健康。我国颁布了《中华人民共和国食品卫生法》，制定了《学校食堂卫生管理规定》《学生食堂与学生集体用餐卫生管理规定》等条例及规章，对食品的采购、贮存、制作、销售等环节以及食堂的硬件设施、食堂管理做了具体要求，规范了食品饮食行业的经营管理活动；制定了《突发公共卫生事件应急条例》《学校食物中毒事故行政责任追究暂行规定》等条例和规章，为处理学校责任事故提供了法律依据。我们应该了解上述法律法规，维护自己在食品卫生与安全方面的权利。

（二）食物中毒的应对措施

(1)对轻度食物中毒者，可按下述方法开展急救。神志清醒者应嘱咐其大量饮水，然后用手指、舌压板或筷子刺激咽喉后壁，进行催吐，也可用明矾等催吐剂催吐。但对有惊厥症状和严重心脏病患者禁用催吐。

为减少人体吸收毒素，可给患者服用泻剂；也可以在洗胃后灌入硫酸镁或硫酸钠溶液。

食物中毒者停止呕吐之后，可以食用米汤、鸡蛋羹、藕粉一类的流质食物，患者病情好转后，可食用稀粥、面片汤等半流质食物，但须忌辣、忌油腻。如果患者呕吐不停，应避免进食，可喝些茶水或淡盐水，以补充吐泻所损失的水分，避免脱水。

(2)对严重食物中毒者，必须及时送医院抢救。

安全字典

生活中预防食物中毒的小常识

俗话说“病从口入”，把牢饮食关是预防食物中毒的关键。只有搞好饮食卫生，才能将健康的关键掌握在自己手中。

第一，食用蔬菜瓜果之前要充分浸泡，清洗干净。

第二，对于隔餐隔夜的食物，要回锅煮熟。

第三，牢记“三要”和“三不要”。“三要”即生食、熟食要分开保存，药品、食品要分开保存，加工生熟食品的器具要分开存放；“三不要”即过期食品不要购买，变质食品不要食用，不洁食品不要食用。

时刻牢记预防食物中毒的原则：新鲜、清洁、加热及冷藏。另外，在食用食物时，一定要仔细分辨食物，千万不能马虎大意，避免误食毒物。

二、日常用药安全

案例点击

小王因为有胃病存了不少止痛和治疗胃病的药物。前段时间，小王吃了一顿火锅之后，晚上睡觉感觉胸口隐痛，吃下去的东西仿佛都堆在心口窝，胀得难受。小王以为自己胃病又犯了，吃了些药，效果不大，本来想去看医生，没想到第二天就不痛了。这样的情况发生了几次，小王就以为自己的病还是以前的老胃病。直到有一次，感到剧烈疼痛，不管吃多少药，疼痛依然不能停止，被送到医院检查，才发现是胆结石。

【专家点评】

从案例中我们看到，由于小王盲目吃药，掩盖病情，从而导致了结石的增大。他没有注意到是自己的病有所变化，还是有其他的疾病，就将病症自诊为“老毛病”，这种行为是危险的。但这种自诊自治在今天却是常见的，毕竟到处都是药店，自己买些药吃似乎很平常。如果你想给自己当回医生，一定要提高自我保健水平，对症下药，不能为了省钱、省事，耽误了病情，损害了身体。

古人云“是药三分毒”“用药如用兵”。这两句话通俗易懂地说明了合理用药的重要性。药物一方面可以帮助医生治疗疾病，另一方面又会给患者的身体带来不良反应。影响药物药效的因素很多，如何才能做到合理用药，其中大有学问。因此，日常用药要谨遵医嘱，谨慎使用。

2-1　药品安全常识

(一)区别药物的慎用、忌用和禁用

(1)慎用，是指该药必须谨慎地使用。在用药期间，患者一旦出现不良反应要立即停药。患者遇到慎用药品时，应该先咨询医生然后再使用。

(2)忌用，是指不适宜使用或应避免使用。如喷托维林，是直接作用于咳嗽中枢的镇咳药，患者咳嗽痰多时就应忌用，否则会加重病情。在自行用药时，凡遇到忌用药品最好不用。

(3)禁用，是指禁止使用。某些患者如果自行使用该药会引发严重的不良反应或中毒。如对青霉素过敏的病人就应禁用青霉素，否则将引起严重的过敏反应，甚至死亡。所以，凡属禁用的药品，绝不能贸然使用。

(二)学会看药品说明书

药品说明书里面说明了药物的成分、用量和注意事项等信息。因此，在服药之前，一定要认真、仔细地阅读药品说明书。

(1)了解药品的成分。不同的生产厂家生产的药物名虽然是不一样的，但是它们的成分可能是相同的。患者在购买非处方药品的时候，如果只是注意药品的名称，很可能出现同时服用不同厂家生产的成分相同的药品，导致过量服用药品，对身体造成损伤。如果患者在服用医生提供的药品期间，想要自行加购非处方药(OTC)，应先向医生咨询相关信息，防止因药物的相互作用，导致自身出现不良反应。

(2)了解适应症和禁忌症。患者应牢记自己过敏药物的名称，购买药物时需让医生了解自己的药物过敏史和家族特异性反应。患者在自行服用药物之前，应当先了解该药是否适合自己的体质。患者应多向医生询问自身病症的禁忌，如糖尿病患者不可使用含糖的药物；血细胞减少的病人要在医生的指导下使用对骨髓有抑制作用的药物。

(3)了解药物的用法用量。患者想要明确药物的用法用量，首先需要了解所服用药物的每一片药品的含量。因为药物是出于不同的药用目的生产制造的，所以即使是同一厂家生产的同一药物的规格也不同。在服用药物的过程中，如果仅知道服用药片的个数，易导致不良后果。

(4)了解药物的不良反应。药物的不良反应可以分为副作用、毒性反应、过敏反应三种类型。大多数药物在帮助患者治疗疾病时，或多或少都会引发一些不良反应。

(5)仔细阅读注意事项。不同的药物服用的时间段也不同。有的药物需要患者在饭前服用，有的药物需要患者在饭后服用，有的药物患者在服用后要定期进行复查。

(6)定期检查、清理药物。患者应按照药品说明书上的要求，将药物保存在干燥、适宜的地方，避免阳光的直射，防潮、防热，避免因保存不当造成药物的变质。对于变质或过期的药物应及时丢弃，防止服用后对身体造成伤害。

(三)安全用药的原则

(1)适当的药物。患者在自行购买药物时，应多了解不同药物的功效和适用人群，选择适合自身体质的药物。

(2)适当的剂量。患者应严格遵照医嘱或药品说明书中规定的剂量服药，不要凭借自我感觉随意增减药物剂量。用药过少会减少药物的疗效，用药过量会对患者的身体产生损害。

(3)适当的时间。医生给的用药时间或者药品说明书中的用药时间，是根据药物在人体内的作用规律设计出的。患者在用药时，如果不遵守时间服用，就会影响药物效果或对自身造成伤害。

(4)适当的疗程。患者在疗程结束后，继续服用药物，容易产生药物依赖性、细菌耐药性等不良反应。但患者若在症状出现一点缓解时，便停止用药，又不能彻底治愈，只有把握好周期才能取得事半功倍的效果。

(四)买药用药的误区

(1)小病去药店，大病去医院。不少同学患上感冒、头痛、发烧等“小病”时，会凭借经验或直觉自我诊疗，认为“久病成良医”，自行选药。但是药品是特殊商品，一旦用错了药，人参也可能变成毒药，可能延误病情，耽搁了宝贵的诊疗时间。因此，自行选药一定要慎之又慎，一般非处方药品均注明“用药三天病情未改善，请及时就医”。

(2)动辄输液。有些同学认为不给输液就没有给用好药，有些同学为了图快而主动要求医生为其输液。输液、静脉注射时，药物直接进入血管，虽然见效快，但是一旦发生不良反应或其他问题，后果往往是比较严重的。口服药吸收慢，不良反应相对比较轻，比输液更安全。临床用药原则是“能口服不注射，能肌注不静注”。

(3)吃药多多益善。有些同学认为吃药多多益善，却不知道药品既有治疗作用，又可能产生不良反应；治疗同一种病的药物，虽然商品名不同，但可能含有相同的成分，联合用药容易引起药效叠加，等于加大了药物剂量，不良反应的危险性也会成倍增加；再加上不同药物之间的相互作用非常复杂，可能增加发生不良反应的概率，对人体造成损害。因此，用药前应仔细阅读说明书，尽量避免不必要的联合用药，用药应遵循“少而精”的原则。

(4)偏方验方。有些同学治病心切，贸然使用偏方、验方。中医博大精深，有些民间偏方确实有用，但不懂中药的人对药材难辨真伪，可能因购错药材而出现问题。中医讲求“辨证施治，一人一方”，在得到民间药材、偏方、验方以后，最好请懂中医的人看看，根据实际情况进行科学的评估，准确把握它的用法、用量，以降低危险系数。

(5)滥用抗生素。有些同学弄不清病毒感染和细菌感染之间的区别，一遇到感冒就用广谱抗生素如头孢菌素，这对患者来说毫无益处，因为感冒大多数是由病毒感染所致，头孢菌素对抗病毒无效。如果经常服用就会造成耐药菌株的产生和细菌耐药性的增加，降低抗生素的疗效。因此，大学生在自行购药时首先要了解自己患的是什么病，再对症下药。

(6)“扛扛就过去了”。不乱用药不等于不吃药。有些同学觉得自己抵抗力强不肯吃药，以为扛一下就过去了，但如果真的碰上心脏疾患之类的大病，就会非常危险。正常的人体是一部奇妙的机器，是个动态平衡体。人体处于平衡状态时，人们自觉健康，感觉良好，当受到自身免疫功能影响或外界病毒与细菌侵扰，自身无法调节或抵御时，人体的平衡就被打破，出现疾病，这时需要相关的药物调节人们的机体，抗击病毒与细菌的侵扰，尽快地让机体调节到平衡状态或改善机体的症状，千万不能硬扛着耽误治愈时机。

安全字典

是药三分毒，用药要谨慎；有病要服药，对症用药好；看清说明书，不良反应少。

(五)应对药物的不良反应

(1)自我辨别药物不良反应。一般的药物反应都有如下特征。

①出现与药物治疗目的无关的反应，出现的时间与服药时间相关，停药或减少剂量后

反应减轻或消失。

②出现的反应和说明书列出的不良反应相似。当然，也可能出现新的未列出的反应。

③出现的反应不能用本身疾病或其他原因解释。

④再次服用该药不良反应再次出现。不过，一般出现严重不良反应的药不主张再次服用。

(2)发生不良反应，不要惊慌，应马上联系医生，在医生指导下针对不同程度的不良反应采取措施。

①较轻的不良反应。若反应较轻，而病情不允许停药，应在医生指导下服用，并做对症处理。比如服用容易在尿液中形成结晶的药如磺胺类药、维生素C时，应多饮水，以增加尿量，减少肾损害。

②过敏反应或遗传性特异反应。药物引起的不良反应与用药剂量无关，反应的严重程度难以预料，如过敏性休克、过敏性药疹、磺胺药引起的溶血性黄疸，一经发现，应立即停药，送医院积极抢救。

③严重的不良反应。患者出现尿量明显减少、黄疸、乏力，可能是药物引起肝肾功能损害、血细胞减少，应立即停药，及时就医。

出现急性肾功能衰竭、爆发性肝炎等危及生命的不良反应，应立即送医院积极抢救。

思考与讨论

1. 假设你本人出现了药物不良反应，你会怎么办？
2. 和同学讨论一下吃药时的注意事项，看看你在哪些方面做得比较好。
3. 仔细回忆一下，看看哪些服药行为可能会影响你的健康。

三、传染病的预防

案例点击

王小雪是某校历史学院大一的学生，在上网时无意间看到一则信息："最近传染病很多，什么手足口病、水痘都有，请大家小心，尽量不要去人多、空气不流通的地方，没有接种水痘疫苗的最好接种一下，在入校之前还应该接种甲肝疫苗，提醒大家注意一下！"王小雪之前就很在意自己的健康，看过这则消息后更是紧张万分。教室、食堂、图书馆都是人多的地方；宿舍人虽不多，但也是空气不流通的地方，总不能24小时开着窗户吧。如何才能拥有安全洁净的空间呢？

【专家点评】

王小雪对健康的关注没有错，但她还需要了解以下几方面。

(1)这个世界是人类的，也是微生物的——要完全消灭那些引起我们疾病的微生物是不可能的。

(2)不是所有的微生物都能引起疾病，有些微生物对我们的健康是有益的。比如，大肠杆菌能发酵多种糖类，产酸、产气，是人和动物肠道中的正常栖居菌。婴儿出生后，大肠杆菌随哺乳进入肠道，与人终身相伴。其代谢活动能抑制肠道内分解蛋白质的微生物生长，减少蛋白质分解产物对人体的危害，还能合成维生素 B 和维生素 K，以及有杀菌作用。大肠杆菌素在正常栖居条件下不致病。

(3)即使被致病性微生物感染了，我们也不一定会生病。微生物的致病作用，取决于微生物的毒力、侵入体内的数量以及是否进入了机体的合适部位。比如，大肠杆菌在肺部是有害的，而在肠道是正常的。婴儿出生第一天皮内注射的减毒活结核菌，也就是卡介苗，不会让我们得结核病，能让我们产生对结核病的特异免疫力。

(4)即使到处是致病性微生物，我们也不一定会有严重的反应。正常人体拥有完整的免疫系统，由免疫器官(骨髓、脾、淋巴结、扁桃体等)、免疫细胞(淋巴细胞、中性粒细胞等)和免疫分子(补体、免疫球蛋白等)组成。作为动态平衡体，我们的机体会用自身的免疫功能来防范外界病毒与细菌的侵扰。当自身免疫力足够强大时，我们不会生病；当自身的调节能力或抵抗能力减弱时，人体的平衡被打破，才会出现疾病，这时需要相关的药物调节人们的机体，以尽快让机体恢复到平衡状态。

(一) 传染病的含义

传染病是由某种特殊的生物病原体(细菌、病毒、寄生虫等)通过呼吸道、消化道、皮肤黏膜等途径侵入人体后所引起的，能在人与人之间或人与动物之间传播的具有传染性的疾病。

传染病与非传染病(如龋齿、阑尾炎和心脏病等)不同，传染病具有很强的传染性和流行性。

2-2 常见疾病预防

(二)传染病的基本特征

1. 有病原体

每一种传染病都有它特异的病原体，微生物和寄生虫也不例外。例如，水痘的病原体是水痘病毒，猩红热的病原体是溶血性链球菌。病原体主要包括细菌、病毒、真菌（癣的病原体）、原虫（疟原虫）、蠕虫（蠕虫病的病原体）。

2. 有传染性

传染病的病原体可以经过一定的途径在人与人之间传播。比如，流行性脑膜炎表现为脑膜炎的症状，但具有传染性，确诊后需要隔离。

3. 感染后免疫

大多数患者在疾病痊愈后，体内都可产生不同程度的针对性免疫力。比如，感染乙型脑炎后患者会获得乙脑病毒的抗体，以后就不会再得乙脑了。病原体感染后免疫持续的时间差异很大。一般来说，病毒性传染病（如麻疹、脊髓灰质炎、乙脑等）免疫持续时间长，往往能保持终生，但也有例外（如流脑）；细菌、原虫性传染病（如细菌性痢疾、阿米巴病等）免疫持续时间短，仅为数月至数年，也有例外（如伤寒）；蠕虫病感染后通常不产生保护性免疫力，所以容易重复感染（如血吸虫病、蛔虫病）。

4. 有流行病学的特征

（1）有地方性和外来性之分：地方性传染病是指在某些地区因特定的自然社会因素而持续存在的传染病；外来性传染病是指从国外或其他地区传入国内或原本不存在的地区的传染病。

（2）有散发、流行、大流行、季节性之分：如乙型脑炎多发生于夏末秋初，流行性脑脊髓膜炎多发生于冬春季节。在一定条件影响下，传染病可在易感人群中造成不等程度的流行，从散发直到造成大流行，如流行性感冒可能造成世界大流行。

大学生正处在身强体壮、精力充沛的青春年少时期，很多大学生都认为疾病离自己很遥远。其实，很多流行性传染病最容易发生在儿童和年轻人身上，尤其是在人口密集的大学校园，流行疾病更容易传染。因此，大学生应该了解传染病的相关知识，做好传染病的防治工作。

（三）传染病的类型

1. 呼吸道传染病

所谓呼吸道传染病是指当病人说话、打喷嚏时，病菌、病毒会随着唾沫星散播到空气中，再通过呼吸道侵入另一机体的传染病。冬春两季最易发生呼吸道传染病，而且传播速度快、流行性强。呼吸道传染病主要有新冠肺炎、流行性感冒、猩红热、麻疹、流行性腮腺炎、流脑、肺结核等。

（1）新型冠状病毒肺炎（Corona Virus Disease 2019，COVID-19），简称“新冠肺炎”，世界卫生组织命名为“2019 冠状病毒病”，是指 2019 新型冠状病毒感染导致的肺炎，该病毒目前已出现变异毒株。新冠肺炎传播途径主要为直接传播、气溶胶传播和接触传播。直接传播是指患者喷嚏、咳嗽、说话的飞沫，呼出的气体近距离直接吸入导致的感染；气溶胶传播是指飞沫混合在空气中，形成气溶胶，吸入后导致感染；接触传播是指飞沫沉积在物品表面，接触污染手后，再接触口腔、鼻腔、眼睛等粘膜，导致感染。因此，大家尽量避免去人多密集的场所，要戴口罩、勤洗手，及时接种新冠疫苗，出现发烧、流涕等相关症状及时就医。

(2)流行性感冒。流行性感冒与普通感冒不同。普通感冒俗称伤风，医学上称为急性鼻炎或上呼吸道感染，引起发病的病原体多种多样。一个人一年中可能多次患感冒，患病时，主要以打喷嚏、流鼻涕等症状为主，一般没有明显的全身症状。

流行性感冒是由流感病毒引起的急性呼吸道传染病，多发于冬春两季。其最大的特点是发病快、传染性强、潜伏期短。常有发冷、发热、头痛、乏力、全身肌肉酸痛、食欲减退及鼻塞、流涕、咽干、咽痛、咳嗽等症状。另外，还可能导致一些严重的并发症，如咽喉炎、中耳炎、鼻窦炎、支气管炎、肺炎等。

目前，尚无有效的抗流感病毒的药物，但可以通过接种流感疫苗来预防，每年接种一次，接种的最好时机为 9—10 月。

(3)肺结核。近年来，肺结核发病率越来越高。我国肺结核发病率和死亡率一直高居世界前列，我国是全球结核病高负担国家之一。所谓肺结核病是指结核杆菌侵入人体后引起的一种具有强烈传染性的慢性消耗性疾病。

肺结核病人通过咳嗽、打喷嚏、高声喧哗等，使带有结核菌的唾沫喷出体外，健康人吸入后即被感染，肺结核 90%以上是通过呼吸道传染的。如果不及时、规范、彻底地治疗，最终会导致恶化、复发、产生耐药性，形成难治性肺结核，成为慢性传染源，危害家庭、社会，最终可能因反复发作引发多种并发症而死亡。染上结核病后会有明显的症状，如乏力、心悸、食欲不振、消化不良、盗汗、发热等。发热特点为午后低热或劳动后体温升高。肺部症状为咳嗽、咳痰、咯血和胸部隐痛等。

肺结核的预防措施主要有以下几条。

①保持室内空气新鲜，扫地前先洒水，防止将病原体随灰尘吸入肺内。

②讲卫生，不随地吐痰，咳嗽、打喷嚏时背对着别人，不吃未煮熟的鸡蛋，不喝未消毒的牛奶。

③摄取足够的营养，加强运动，增强自身体质。

④疾病高发季节应避免到人口密集的场所活动。

⑤出现肺结核的症状时，要及时到医院诊断和治疗。

⑥与结核病人接触较为密切的人群，应到医院咨询预防知识，并进行相关的检查。

2. 肠道传染病

肠道传染病是病原体经口侵入肠道而感染的传染病。发病率较高的肠道传染病主要有霍乱、细菌性痢疾、伤寒、副伤寒、甲型病毒性肝炎、戊型病毒性肝炎、脊髓灰质炎、细菌性食物中毒、阿米巴病等。发病以气温较高的夏秋两季为多。较多在外地求学的大学生，由于不善于合理地自我安排饮食生活，往往会由于饮食不当而引发肠道疾病。

(1)伤寒。伤寒是由于伤寒杆菌污染水或食物后进入人体消化道、淋巴结、血液、肝和脾脏而发生的急性传染病，以夏秋季最为常见。

人对伤寒普遍易感，病后可获得持久性免疫力，再次患病的可能性极小。伤寒患者开始感觉疲倦无力，不思饮食，常有肚胀、腹泻或便秘等症状，接着就发高烧，两周左右才逐渐退烧，全身症状相对缓慢，发病的第 2 周，病人身上会出现一些淡红色疹子，也叫玫瑰疹，脾脏会肿大。病重者还可能有神志不清、烦躁不安、说胡话等症状，后期还可能发生肠出血或肠穿孔等。

伤寒全病程均有传染性，以病程第 2～4 周传染性最强。少数患者可能成为长期或终生带菌者。水源污染是传播伤寒的重要途径。

伤寒和痢疾预防措施基本一样，出现伤寒症状一定要尽早就医诊治。

(2)痢疾。痢疾是由痢疾杆菌引起的，一般症状有发烧、腹痛、腹泻、大便带脓血、大便频繁等。痢疾的预防主要是切断传播途径，要做到以下几点：

①养成饭前便后洗手的良好习惯。水果要洗净、削皮再吃。食物要煮熟再食用，切凉菜和熟食的砧板与切其他生食品的砧板要分开使用。

②不喝生水，不吃被苍蝇或蟑螂接触过的食物，不吃变质腐败的食物，剩饭剩菜一定要热透再食，不吃无卫生许可证的街边小贩经营的食品。

③家中若有痢疾病人，一定要送到医院治疗。对痢疾病人的粪便和呕吐物要严格进行消毒处理，病人用过的餐具、马桶以及病人的内衣内裤、被褥也要进行严格的消毒。

④加强锻炼，增强体质。

(3)甲型肝炎和戊型肝炎。甲型肝炎和戊型肝炎常通过不洁饮食、饮水及日常生活接触传播而感染，有时可引起暴发流行。疾病初期，病人感觉浑身无力、厌食，特别不愿吃油腻的食物，常伴有恶心、腹泻、右上腹痛、发烧、眼球发黄、小便变黄等症状。如果感染了甲型肝炎和戊型肝炎，应该注意以下事项。

①保持均衡饮食，可进食大量蔬菜、酸性食物和水果，避免进食脂肪含量高的食物。

②吸烟者立即戒烟。

③避免饮酒，因为酒精会伤害肝脏。

④遵照医生的建议，定期做运动。

⑤保持足够的休息，切勿操劳。

⑥很多药物都会损害肝脏，所以切勿服用未经医生开具的处方药物。

3. 体液传染病

体液传染病是指通过血液传播、性传播等途径引发的传染病。输血或血液制品都有传播疾病的危险，与他人共用剃刀、牙刷、注射器等物品易感染此类传染病。

(1)乙型肝炎。乙型肝炎是肝炎的一种，是由乙型肝炎病毒引起的传染病。该病的传染源主要是乙型肝炎病人和乙型肝炎表面抗原携带者，潜伏期为 45～150 天，一般为 60～90 天。急性病例通常在 2～4 个月内能顺利康复。乙型肝炎容易演变成慢性，进而可能导致肝硬化。大学生在宿舍生活中，同学之间朝夕相处，交往亲密，为肝炎的传播提供了一定的机会。乙型肝炎病毒可经患者或带毒者的血液、唾液、精液、汗液和阴道分泌液排出体外，污染医疗器械、生活用具和环境表面。排出的乙型肝炎病毒可经过下列途径传播给健康人：

①接触传播。带有乙型肝炎病毒的血液、唾液、精液和阴道分泌物等通过易感者的皮肤、黏膜的破损处进入机体。

②血液传播。乙型肝炎主要通过输血，使用血制品或微量血液注射途径引起感染。

③母婴传播。若母亲是乙型肝炎病毒携带者，就可能通过宫内、产程及产后早期抚养过程将乙型肝炎病毒传染给婴儿。

④性传播。乙型肝炎可以通过性接触而相互传染。

预防乙型肝炎要注意以下两方面。

一是生活上的预防措施。乙型肝炎病毒以其病毒含量的多少作为传染指标，主要有以下几种传染源。

第一，最主要的是血液。大三阳乙型肝炎病毒携带者每毫升血液中含有1000万个至几亿个成熟的乙型肝炎病毒颗粒，即使是极微量的血液进入皮肤黏膜的破口，也可造成感染。

第二，月经血所含的病毒量和血液是相似的，是重要的传染源。

第三，阴道分泌物和精液所含病毒量虽不及血液及月经血多，但是在性生活中常能通过生殖器黏膜破损感染性伙伴。

在生活上最主要的措施是预防血液传播及性传播。为此要做到以下几方面。

①使用注射器、穿刺针、针灸针、牙钻、内窥镜等介入性医疗仪器前先消毒。

②使用消过毒的剃须刀、穿耳针、文身针等进行美容活动。

③使用血液及血液制品前先检测。

④不去黑窝点献血。

⑤不要和乙型肝炎病人及乙肝病毒携带者共用私人物品，如毛巾、牙刷、被褥等，避免生活接触性感染。

二是特异性的预防。特异性的预防就是指用乙型肝炎疫苗预防乙型肝炎的感染。研究证明，乙型肝炎疫苗免疫方法是十分有效的。新生儿应在0、1、6个月分别接种乙型肝炎疫苗，3针免疫后，可保证15年内不得乙型肝炎。

(2)艾滋病。

①艾滋病的含义。

艾滋病被称为“20世纪的瘟疫”。国际医学界至今尚无防治艾滋病的有效药物和疗法，因此它也被称为“超级癌症”和“世纪杀手”。

艾滋病在世界范围内的传播越来越迅猛，严重威胁着人类的健康和社会的发展，已成为威胁人们健康的第四大杀手。然而，面对如此严峻的形势，大学生们却对其知之甚少。国家卫健委2006年在19个城市、24所大学调查的1919个有效样本显示：大学生对预防艾滋病的基础知识(包括艾滋病的危害性、传播途径、预防知识和病毒检测知识)掌握程度处于较低的水平，平均正确率为67.5%。其中，对艾滋病的传播途径与预防知识掌握情况较好(正确率为 76.3%和 75.6%)，但对窗口期的传染性特点缺乏认识；对艾滋病的危害性和病毒检测知识掌握较差(正确率为 57.8%和 47.7%)。因此，了解和预防艾滋病已成为大学生安全教育中的重要组成部分。

艾滋病的医学全名为“获得性免疫缺陷综合征”(英文缩写 AIDS)，是由艾滋病病毒(人类免疫缺陷病毒 HIV)引起的一种严重传染病。艾滋病病毒侵入人体后破坏人体的免疫功能，使人体出现各种难以治愈的感染和肿瘤，最终导致死亡。

②艾滋病的特征。

a. 艾滋病病毒感染者和艾滋病病人的区别。

艾滋病病毒感染者是指已经感染了艾滋病病毒，暂未表现出明显的临床症状，没有被确诊为艾滋病的人。艾滋病病人指的是已经感染了艾滋病病毒，并且已经出现了明显的临床症状，被确诊为艾滋病的人。二者的相同之处在于都携带艾滋病病毒，都具有传染性。不同之处在于，艾滋病病人已出现了明显的临床症状，而艾滋病病毒感染者还没有出现明显的临床症状。从艾滋病病毒感染者发展到艾滋病病人，可能需要数年的时间。

b. 艾滋病患者的主要临床症状。

从艾滋病病毒进入人体到致病需要一定时间，一般是 8～9 年甚至更久。但也有个别感染者几周后就出现类似流感一样的症状，如发热、肌肉疼痛和皮疹等。当感染者的免疫功能受到一定程度的破坏后，出现原因不明的长期低热、体重下降、盗汗、慢性腹泻、咳嗽等。其他致病菌和一些非致病菌也会乘虚而入，使人并发多种疾病，如严重腹泻、肺炎。还有些病人因神经系统受到病毒侵袭会出现痴呆等症状。总之，艾滋病的临床表现是多种多样的，但最后病人往往是死于身体衰竭。

c. 艾滋病是“超级绝症”。

艾滋病是一种严重危害健康的传染性疾病。当人体处于正常状态时，体内免疫系统可以有效抵抗各种病毒的袭击。一旦艾滋病病毒侵入人体，人体免疫系统便会土崩瓦解，各种病毒乘机通过血液、破损伤口长驱直入。此外，人体内一些像癌细胞之类的不正常细胞也会迅速生长、繁殖，最终发展成各类肿瘤。虽然全世界众多医学研究人员付出了巨大的努力，但至今尚未研制出根治艾滋病的特效药物，也没有可用于预防艾滋病的有效疫苗。目前，这种病死亡率接近 100%，已被我国列入乙类法定传染病，并被列为国境卫生监测传染病之一。

③艾滋病的传播途径。

艾滋病病毒主要存在于艾滋病病毒感染者和艾滋病患者的体液中，包括血液、精液、阴道分泌液、乳汁、伤口渗出液等。任何能够引起体液交换的行为，都有传播艾滋病病毒的可能。人体感染艾滋病病毒 4～8 周后才能在血液中检测出艾滋病病毒抗体，但患者在测出抗体前已具有传染性。已感染艾滋病病毒的人平均 7～10 年(潜伏期)才被确诊为艾滋病病人。艾滋病病毒感染者外表上看上去很平常，但能将病毒传染给其他人。艾滋病病毒主要有以下几种传播途径。

一是性接触传播。性接触传播是目前全球艾滋病病毒传播的主要途径，全球有 70%～

80％感染者是通过性接触感染上艾滋病病毒的。

二是血液传播。第一，静脉注射吸毒。静脉吸毒者共用注射器或注射器消毒不严格，致使艾滋病病毒相互传染。截至2015年5月，我国静脉注射吸毒感染艾滋病病毒的病例数占报告总病例数的72.1％。第二，输血或输入血液制品。如果艾滋病病毒感染者参加献血，病毒也会随着血液进入到其他健康人体内引起感染。第三，医源性感染。在临床医疗工作中交叉感染。比如，针头、牙钻和注射器等消毒不严，与艾滋病病人、艾滋病病毒感染者共用器械或用不干净的注射器，都容易被传染。

三是母婴传播。母婴传播主要是指感染了艾滋病的妇女，通过妊娠、分娩和哺乳传给婴幼儿。

青少年更易感染艾滋病。目前，艾滋病毒感染者和病人中约有1/3的人年龄在15～24岁。在许多发展中国家，艾滋病病毒感染多发生在年轻人中间，其中年轻女性尤其易感染。艾滋病虽然是一种严重的传染病，但它不是在任何情况下都会传染的，下列情况就不会传染艾滋病。

在学校、公共汽车上、音乐厅、球场或其他地方相邻而坐；与他人共用厕所和电话；在同一游泳池游泳或使用同一淋浴器淋浴；与艾滋病病人及艾滋病病毒感染者的日常生活和工作接触；身体接触或握手；共用计算机终端、商店设备、书或其他学校设施；咳嗽和打喷嚏等。

④预防艾滋病的重要性。

《中国遏制与防治艾滋病“十三五”行动计划》强调：“教育、卫生计生和共青团等部门和单位要将性道德、性责任、预防和拒绝不安全性行为作为教育重点，督促学校落实预防艾滋病专题教育任务，积极发挥学生社团、青年志愿者和学生家长的作用，加强学校预防艾滋病和性健康的宣传教育。建立健全学校艾滋病疫情通报制度和定期会商机制，开展高校预防艾滋病教育试点工作并逐步推广……”

卫生部印发的《国家有关部委(团体)关于预防控制艾滋病性病工作职责》的通知中，明确了国家教育委员会在艾滋病、性病工作中的职责：负责在全国各类大、中院校开展艾滋病、性病防治知识及性知识教育，并纳入教师培训课程和大学、中学健康教育计划，在大学生中适当开展性安全知识的教育；支持配合卫生部门做好外国留学生艾滋病的监测管理和出国留学人员的宣传教育工作。

⑤艾滋病的具体预防措施。

虽然目前还没有安全治疗艾滋病的药物和方法，但艾滋病却是可以预防的。每位大学生都应掌握预防艾滋病的常识并认真遵守执行，将传染艾滋病的危险减少到最低程度。大学生应注意以下事项。

第一，大学生应端正对艾滋病的态度，不能对艾滋病过分恐惧，不能对艾滋病感染者或艾滋病患者存在偏见，也不能觉得艾滋病离自己的生活很遥远便对艾滋病引起的社会危害视而不见。大学生要树立正确的防范意识，学习用正确的方式缓解学习、生活的压力，学习与同学和谐相处的方式，遇到困难时积极寻求老师、同学的帮助。

第二，在理发、美容、文眉、文身、修脚、洗浴时，应选正规场所，不能贪图便宜或者为了方便就到消毒不严格或不消毒的理发店、美容店和洗浴店。牙刷、刮脸刀、电动剃须刀等私人物品不和他人共享，必须自备专用。

第三，生病后选择正规的医院就医。正规医院内的注射器及治疗器械都经过了严格的消毒，不正规的诊所、医院内器材的安全性没有办法保障。救助流血的伤员时，要做好防护措施，带好口罩和手套，防止血液直接与皮肤或黏膜接触。

第四，及时检查。如果自己有接触或感染艾滋病病毒的条件和可能，应及时到医院进行检查。如果发现自己已经成为艾滋病病毒的携带者，应立即与当地的防疫站和传染病医院等正规机构联系，寻求医疗服务、咨询和帮助，在日常生活中要做好防护措施，严防将艾滋病病毒传染给周围的人。

第五，要遵守道德，洁身自好。

第六，不吸毒。

第七，不携带血液制品回国，不使用没有经过监测的进口血液制品，不使用未经过艾滋病病毒抗体检验的血浆输血。

第八，使用一次性注射器，不要重复使用。

2.2 女大学生性侵害安全防范

案例点击

2016 年 7 月，某市一个家教中介市场出现了一则特殊的招聘启事，招聘者声称要从从事家教的大学生中招聘资料员，但提出的奇怪要求引起不少大学生怀疑。招聘者特别强调应聘者必须身材好，能熬夜。一名应聘的女生指证，她在招聘者家里遭到了性侵害。该女生说应聘当天，招聘者请她吃饭，饭后就感觉很困，便在一间小房间里躺着休息。第二天醒来时，她发现自己居然赤身裸体地睡在床上，身体也有不适的感觉，当即穿上衣服迅速逃离。该女生说“当时用晚餐时，那人总是劝我喝饮料，可能他早已在饮料里下了什么药，让我后来一点知觉都没有了。”事后，她向公安机关报了案。

【专家点评】

在市场经济的发展过程中，高校不断社会化，使得高校学生接触的群体日趋复杂。而女大学生正值青春年华，加之社会经验相对缺乏，自我保护意识不强，很容易成为犯罪分子性侵害的重点对象。近年来大学校园遭受性侵害案件比例呈一定的上升趋势，这无疑对大学生的身心健康有着严重影响，因此，有效预防和打击高校性侵害已刻不容缓。

女大学生一般思想单纯、警惕性低、自我保护意识弱，容易成为不法分子性侵害的对象。因此，分析性侵害形成的原因及规律，研究性侵害的防范措施，有助于提高大学生对性侵害的认识，增强自我保护能力，减少或消除性侵害的因素，从而达到预防和制止性侵害的目的。

一、性侵害产生的原因

1. 个体原因

(1)犯罪分子缺乏良好的法治观念和道德修养，法律意识淡薄，道德素质低下，自控能力差，因此犯下恶劣行径。

(2)女大学生法治教育、性教育和自护教育不到位。女大学生社会经验少，一般思想单纯、自我保护意识较弱，往往容易成为不法分子性侵害的对象。

2. 社会因素

(1)高校附近社会治安状况不尽如人意。比如高校附近存在“黑车”拉客，不法分子活动猖獗等现象，这无疑为校园安全埋下了巨大的隐患。

(2)政府监管不力，一些高校园区，基础设施的建设明显滞后，监控留有死角，给犯罪分子可乘之机。

(3)不良文化泛滥，影响大众价值观。随着网络的普及，很多网络影视色情作品泛滥，导致大众的性观念逐步开放甚至出现扭曲。

(4)法律对女性保护机制不健全，使犯罪分子有机可乘。虽然我国在性暴力方面的相关法律在逐步健全，但对于性暴力犯罪的判定条件相对严格，由于证据不足致使侵害人逃脱法律制裁的情况并不少见。

3. 教育因素

应当承认，女大学生被害的背后有深层的安全教育缺乏的因素，这里的教育包括学校教育和家庭教育。

(1)高校对学生的性教育和自我保护教育匮乏。高校属于自然科学、社会科学知识传播的“象牙塔”，其主要任务就是引导学生学习科学知识，对大学生安全教育的重视程度普遍不高，即便有相关课程，也只是选修课，无论是效果还是普及范围都不理想。

(2)在家庭教育中，性教育也比较缺乏，对于性知识家长认为孩子到了一定年龄后自然会明白。

双重教育的缺失，使得女大学生这个本来就处于弱势的群体，在应对社会危险时显得力不从心。而学校和家庭对性教育所采取的回避和隐晦的态度，导致很多女大学生缺乏性保护的常识和能力。

二、女大学生遭受性侵害的主要形式

1. 暴力型性侵害

这类侵害一般是作案人采用暴力手段，如拳打脚踢，出示、使用利器威胁或直接劫持女大学生，加之言语恐吓，从而实施调戏、猥亵或强奸等行为。

2. 胁迫型性侵害

这类侵害一般是作案人利用自己的职务之便或凭借自己的地位优势，对有求于自己的受害人加以威逼利诱，从而迫使受害人与其发生性行为。此类侵害通常是以说教为手段，没有暴力痕迹，受害人在身心受到伤害后，往往出于各种考虑而不敢声张。

3. 社交型性侵害

这类侵害多发生在受害人熟悉的生活圈子里，作案者人多是受害人熟悉的人，如同学、同事、同乡，甚至是男朋友。作案人先是以正常交往形式与受害人接触，包括约会、聚会等，然后在特定的环境下，作案人以特定因素(如饮酒等)作为借口实施性侵害；或者是作案人有预谋地策划后，对受害人实施强奸。

4. 诱惑型性侵害

作案人往往利用受害人追求享乐、贪图钱财的心理，以满足其物质要求为诱饵，对受害人加以诱惑，进而对其实施性侵害。

5. 滋扰型性侵害

这类侵害多发生在人数较多、较为拥挤的公共场合。作案人利用挤公共汽车、排队购物等时机靠近女生，有意识地挤碰女生的躯体、胸部等。其表现形式是故意寻衅滋事，调戏女生，甚者实施强奸行为。

二、性侵害的预防措施

对于性侵害，我们强调防患于未然。女大学生应该学会自律和具备良好的自我保护意识，尽量避免各类易产生性侵害的安全隐患。同时，应加强自身素养，树立良好的精神面貌和健康的形象。落实到具体行动中，应尽量注意以下几个问题。

1. 女生集体宿舍的安全问题

(1)经常进行安全检查。如发现门窗、门锁损坏，应及时向学校相关部门反映，以便立即修理，保证宿舍设施完好。

(2)临睡前关好门窗，特别是低楼层宿舍，可防止犯罪分子乘大家熟睡时作案。

(3)节假日期间，尽量不要独自一人留在宿舍。

2. 女生夜间行路的安全问题

(1)夜间行走要保持警惕，尽量走人多灯明的大道。走小路最好结伴而行。

(2)遇到陌生人搭讪不要理睬，不搭乘陌生人的车辆。在僻静的地方不主动向陌生人问路，更不能让对方带路，防止落入坏人的圈套。

(3)不要穿行动不便的高跟鞋。

(4)如果遇上坏人，首先要做到临危不惧、遇事不乱，利用随身携带的物品或就地取材进行有效反抗。如果四周无人，更要保持冷静，采取周旋策略，拖延时间等待救援。

3. 与异性交往应注意的事项

女大学生在与异性交往中，应特别注意自尊自爱、洁身自好，避免产生不必要的纠缠，进而引发犯罪。此类性侵害主要从两方面加以预防。

(1)恋爱过程中性侵害的预防。遵守恋爱道德，讲究文明礼貌，保持正常交往关系，防止因爱生恨。对于单恋的追求者，应该明确拒绝。如果是要中断恋爱关系，要尊重对方人格，不可嘲笑挖苦，更不能在别人面前揭露双方交往的细节。遇到曾经恋爱的对象纠缠，要态度明确，让对方打消念头，态度暧昧，模棱两可，只会使对方增加幻想，给自己带来更多的麻烦。

(2)社交过程中性侵害的预防。此类性侵害往往是有预谋的，不法分子常常利用学生涉世不深，缺少社会经验的弱点，在被害人放松警惕的情况下制造机会，把正常社交引向性犯罪，或者想方设法把被害人带到由他掌控的环境，继而实施性侵害。

要有效预防社交型性侵害，女大学生必须时刻牢记以下几点。

①慎交友，不轻信刚结识的朋友，更不要单独跟随新朋友外出。

②行为端正，处事磊落，不给他人落下话柄。

③与异性交往时举止稳重，杜绝轻浮表现，不轻易接受他人的馈赠，使坏人无机可乘。

④选择好约会的场所，约会时保持清醒的头脑，不要过量饮酒，保持一定的警惕性。

⑤对过分的言行要明确态度，勇于制止。

四、遭受性侵害时的应对方法

女大学生一旦遭遇性侵害，不能自怜自卑，从此一蹶不振，而应该拿起法律武器，与不法分子斗智斗勇，维护自己的尊严，使其受到应有的法律制裁。

1. 遇到性侵害时的正确应对

(1)尽量坚决反抗，而不是回避冲突。犯罪学家通过总结1000多例强奸及性侵害的案件发现：绝大部分形式的反抗(言语或肢体反抗)都没有明显增加受害者额外受伤的风险，反而能够降低性侵害完成的可能性。面对反抗时，对方通常会选择妥协、谈判或者直接离开。

(2)要保持冷静，临危不惧。镇静不仅可以保证自己临危不乱，同时可以对不法分子起到震慑作用，使不法分子感到你不是软弱可欺的。还能使你仔细观察对方的举动和周围的环境，寻找呼救和脱逃的机会。某大学有一女生，在宿舍遭到校外不法分子的袭击，该女生毫无惧色，先是严厉斥责，后是大声呼救，而她的呼喊成功地引起了宿管阿姨的注意，不法分子最终仓皇逃遁。

(3) 有时可以采取与不法分子软磨硬泡，拖延时间的方法，争取摆脱或获救的机会。

2. 保留证据，使自己不陷入被动之中

(1)巧妙地在犯罪分子身上留下痕迹。

性侵害案件多发生在夜间灯光暗淡和人迹稀少处，受害者在这种情境下突然遭受袭击，情绪高度紧张，往往不能仔细观察侵害人的外貌特征，或者无法看清楚其特征。然而在性侵害案件中，受害人从侵害人身上获取证据，留下某些暗记和痕迹，对于侦查破案，打击性犯罪，维护妇女权益，保障社会安定具有重要意义。在受到性侵害的时候，一定要在与犯罪分子搏斗的同时，千方百计地从犯罪分子身上获取证据，并且巧妙地在犯罪分子身上留下各种痕迹。

①在与犯罪分子搏斗时，要设法咬破、抓破其暴露躯体的某一部位，如面部、手背。

②抓取犯罪分子的头发、衣片、纽扣等。

③保留犯罪分子的血迹、精斑以及被咬下、撕下的某些肌体。

④故意让犯罪分子接触光滑物体，如箱子、地板、玻璃台等，让犯罪分子留下指纹、掌印、足印、鞋印等。

⑤在犯罪分子的身上、衣服上涂上颜料、油漆、油污等。

(2)受到性侵害后，一定要保留证据。

在性侵害案件中，之所以难以为受害者伸张正义，其中最主要的原因之一是有效证据不足。

对于如何取证和保留证据，有如下建议。

①不要洗澡，不要擅自整理案发现场，不要随便扔东西。

②在72小时内，尽可能快地前往医院做取样及检查，最好选择有人体损伤司法鉴定机构挂靠的三甲医院。

③如果皮肤、衣物、毛巾、床单、卫生纸、避孕套等沾上精液，尽可能保留，这可以

作为日后 DNA 检测的证据(干燥条件下可以保存很久)。

④录音或监控摄像头的记录也是非常有力的证据。

⑤如果施暴者是熟人，不要删除施暴者的联系方式和通话聊天记录。

⑥找值得信任的朋友商量对策，尽量不要找与施暴者有利害关系的人(包括对方的伴侣)。

安全知识

英科学家发现车内用餐会增加食物中毒的概率

英国的科学家在详细检查测试用车的门把手、方向盘、排挡杆、中控台、收音机、坐垫等一切车内饰部件后，存在着大量的细菌，从葡萄球菌到蜡状芽孢杆菌等。这些听起来就不太健康的细菌被证实将有可能导致人体食物中毒，出现腹泻、呕吐、头昏的症状，而在车内用餐的习惯很容易使得这些细菌顺利从口腔进入人体，从而诱发上述问题。

研究表明，将近 70%的人都曾在车内用餐，而这些人正面临着这样或那样的健康威胁。当然，不一定在车里吃一次便当，就会得痢疾，但是这种饮食习惯无疑会加大得病的概率。

千万别以为强烈的太阳光能够帮你杀死车内这些可恶的细菌，恰恰相反，上升的温度反而会使这些细菌加速繁殖，从而更快地攻击人体的免疫系统。此外，很多人习惯在车里放一些食品，要知道，车内食物囤积久了很容易过期，而且在夏季暴晒的天气下，车内气温往往比室外更高，高温很容易造成食物变质。还有后备厢的那些矿泉水，赶快搬离车内吧，矿泉水的塑料瓶包装在高温下会产生对人体有害的化学物质，同样会加大患病的机会。所以，那些喜好在车里用餐，或是因没时间只好在车里吃早餐的人们，还是放弃这个坏习惯吧!

知识汇总

1. 预防食物中毒的措施

(1)讲究厨房的卫生，妥善保管好食品，避免苍蝇叮爬。

(2)选择与鉴别食品质量的优劣。

(3)尽量在学校食堂就餐。

2. 掌握日常安全用药的基本常识

(1)区别药物的慎用、忌用和禁用。

慎用，是指该药必须谨慎地使用，一旦出现不良反应要立即停药。

忌用，是指不适宜使用或应避免使用该药。

禁用，是指禁止使用该药。

(2)学会阅读药品说明书：了解药品的成分、适应证和禁忌证、药物的用法用量和不良反应、经常清理和检查药品、仔细阅读注意事项。

(3)安全用药的原则。

①适当的药物。

②适当的剂量。

③适当的时间。

④适当的疗程。

(4)注意买药、用药的误区。

(5)学会应对药物的不良反应。

3. 对于艾滋病，大学生应注意的事项

(1)要加强自身修养，树立正确防范意识。

(2)不到消毒不严密或不消毒的理发店、美容店和浴室去理发、美容、文眉、文身、穿耳眼、修脚、洗浴；刮脸刀、电动剃须刀必须每个人自备专用，不与他人共用；牙刷必须每个人一把。

(3)就医时要到正规医院，使用经严格消毒的注射器及治疗器械；不到消毒得不到保证的不正规诊所、医院去打针、拔牙、针灸或手术；在救护流血的伤员时，要设法防止血液直接沾到自己的皮肤或黏膜上。

(4)如果自己有感染艾滋病病毒的条件和可能，或自身有这方面的不适，应及时到医院检查；如果已成为艾滋病病毒携带者，应先与当地的卫生防疫站和传染病医院接触，从那些机构可以得到医疗服务、咨询和帮助，并谨慎防护措施，严防再传染他人。

(5)要遵守道德，洁身自好，不要有婚前性行为。

(6)不以任何方式吸毒。

(7)不要擅自从国外带入血液制品，不使用未经检验的进口血液制品；有必要输血时，要使用经艾滋病病毒抗体检验合格的血浆。

(8)任何注射，最好使用一次性注射器。

专题三
财产安全

3.1 防范盗窃

3.2 防范诈骗

3.3 防范抢劫和抢夺

当代大学生正处在一个探索与追求、理想与奋进的黄金时代，生活在“象牙塔”里的学子们在感受这个世界的爱和知识时，也不能忽视世界的多样性和复杂性，不能忘记正义是与邪恶并存的。部分大学生安全防范意识不足，易轻信他人，容易招致作案分子的暗算，遭遇盗窃、诈骗和抢劫等恶性事件。这些恶性事件不仅危害校园安全，也给大学生的身心造成了极大的伤害。所以，大学生要增强防范意识，保护好自己的财产安全，学会正确保护自己。

大学生个人财产的保护途径主要有以下两种。一是他力保护，是指大学生运用法律、法规和规章等法律武器，依靠国家行政、司法机关、高校保卫职能部门和其他行政组织保护自己的个人财产。二是自力保护，自力保护又称自我保护，是指大学生依靠自己的力量，凭借自己对财产安全的防范意识和基本常识，在自身财产遭受不法侵害事件前进行预防，在不法侵害事件发生时进行适当的防卫，在不法侵害事件发生之后进行事后保护。事前预防主要包括防盗窃、防诈骗、防抢劫、防意外事故等；适当防卫主要包括阻止侵害、正当防卫、紧急避险；事后保护主要包括挽回损失。根据造成财产损失的原因，可以将财产安全问题分为盗窃、诈骗、抢劫等类型。

3.1 防范盗窃

案例点击

某高校的学生王某，在学校附近的网吧上网时，结识了社会上的无业青年耿某，两人迅速成为好朋友。一天，耿某询问王某有没有什么“赚钱”的好方法，王某说自己学校自行车很好卖。耿某一听特别高兴，一番交谈之后，王某答应帮助耿某在同学中低价销售自行车。耿某后来又在网吧结识了另一所高校的郭某，三人臭味相投立刻便开始了行动。不到三天的时间，耿某便盗窃了九辆自行车，郭某也盗窃了六辆自行车，耿某将盗窃得到的十五辆自行车交由王某，让王某在自己的校内进行销售。一时之间，多所高校接连发生自行车丢失事件，弄得人心惶惶，给学生学习生活造成了很大影响。

【专家点评】

上述案例就属于团伙盗窃作案的典型事件。由于利益驱使，这类案件在高校校园发生的比例较高。各大高校一定要防微杜渐，强化大学生的思想道德教育。

一、高校校园盗窃的特征

由于客观场所和作案主体的特殊性，高校校园的盗窃案件具有以下几个特点。

(一)时间上的选择性

作案人为了减少违法犯罪风险，通常会充分考虑作案时间，在有人的情况下基本上是不会行窃的，作案时间大多为无人的空隙。

1. 上课时间

学生以学习为主，每天都有紧凑的课程安排，没有上课的学生大部分也到图书馆学习或进行其他课余活动。因此在上课期间，特别是上午第一、二节课，学生宿舍内一般无人，盗窃分子一般都深知这一规律，并抓紧在这一段时间作案，因此这期间是盗窃作案的高峰期。

2. 课间时间

课间休息仅 10 分钟，学生在下课后一般都会走出教室放松放松，而很少有同学回宿舍，作案分子特别是内盗作案人员会利用该时机，待盗窃得手后继续回教室上课，给人造成没有作案时间的假象。

3. 夜间熟睡后

经过一天的学习、活动，大家都比较疲惫，而且学校一般都有规定的熄灯时间，所以上床后很快就入睡。盗窃分子趁夜深人静，室内人员熟睡之际行窃，特别是部分学生睡觉时不关寝室门窗，这更是给小偷创造了作案的有利条件。

4. 新生入校时

新生刚刚入校时，由于彼此之间还不太熟悉，加之防范意识较差，偶尔有陌生人到宿舍来也会以为是其同学的老乡或熟人，从而不加盘问，这就给了作案分子可乘之机。

5. 军训、学校举办大型活动时

学生军训或举行大型活动时，宿舍内活动人员少或长时间内无人员活动，容易被盗。校园内发生和处理突发事件时，人们往往将注意力集中到某一事件上而无暇顾及其他事情，盗窃分子往往乘虚而入，浑水摸鱼。

(二)目标上的准确性

高校中的盗窃案件尤其是内盗案件，作案人的盗窃目标常常会很明确。由于大家每天都在同一个空间生活、学习，加上同学间不设防，东西随便放置，贵重物品放在柜子里也不上锁，这就使得有作案动机的人极容易下手，不动手便罢，一旦动手目标十分准确，而且常常很快便得手。

(三)技术上的智能性

在高校盗窃案件中，作案主体具有特殊性，一般以高学历、高智商的人居多，有的本身就是大学生。他们智力高超，有的甚至利用自己的专业知识和技能，在实施盗窃的过程中对技术运用的程度较高，自制作案工具，手段独特先进，如他们经常会用被盗者的钥匙开锁，或制作“万能”钥匙等，进行智能型违法犯罪活动，其盗窃技能明显高于一般的盗窃作案人员。

(四)作案上的连续性

正是由于上述作案技术上的智能性，作案分子第一次作案很容易得手。在“首战告捷”以后，往往会产生侥幸心理，加之报案的滞后和破案的延迟，作案分子极易成为惯犯，进而给更多同学造成更大的损失。

(五)手段上的多样性

盗窃分子往往针对不同的环境和地点，选择对自己较为有利的作案手段，以获得更大的利益。

(六)动机上的复杂性

(1)少数学生受“金钱至上”等价值观的影响，以致见钱眼开、不择手段。比享受、比吃穿，花钱如流水，久而久之，为了满足自己无休止的物质需求，便打起了行窃的主意，这样钱来得既快捷又省力，还可以继续满足自己的虚荣心。因此，这类因追求享乐摆阔气而作案的人在大学生内盗案件中占有很高的比例。

(2)有的学生经济条件不好，花销却很大，债台高筑，又没有新的经济来源支持，个别学生就选择了行窃这条道路，逐步走向犯罪的深渊。

(3)有个别的学生出于不平衡心理，看不惯经济条件好的学生大大方方地花钱而进行偷盗。有的则是因为与同学有其他矛盾，为了报复而去偷他的钱物，并加以损毁，从中获得快意和心理平衡。这类盗窃作案人仅仅是出于对他人或集体的一种报复心理而作案。

(4)有一类作案人心理扭曲变态，患有盗窃癖，偷盗只是为了得到自己内心的满足，盗窃成瘾。

二、校园盗窃案件的主要表现形式

(一)内盗

内盗是指盗窃作案分子为学生内部人员及学校内部管理服务人员的盗窃行为。有关资料统计显示，在高校发生的盗窃案件中，内盗案件占一半以上。作案分子往往利用自己熟悉盗窃目标的有关情况，寻找作案最佳时机，因而易于得手。这类案件具有隐蔽性和伪装性特点。

(二)外盗

外盗是相对于内盗而言的，是指盗窃作案分子为校外社会人员的盗窃行为。他们利用学校管理上的漏洞，冒充学校人员或以找人为名进入校园内，盗取学校资产或师生财物。这类人员作案时往往携带作案工具，如螺丝刀、钳子、塑料插片等，作案时不留情面。

(三)联合社会人员盗窃

这是指学校内部人员与校外社会人员相互勾结，在学校内实施的盗窃行为。这类案件的内部主体社会交往关系比较复杂，与外部人员都有一定的利害关系，往往结成团伙，形成“盗—运—销”的犯罪链条。

三、高校盗窃分子作案的主要手段

(一)顺手牵羊

在公寓内，盗窃分子往往乘主人不备，将放在桌子上、床上的钱、手表、文具以及晾晒在阳台、走廊中的衣服偷走。这种盗窃的手段，不用撬门，不用撬窗，非常方便，所以称为顺手牵羊。例如，在校园中，男生玩足球、篮球时常常将衣服随意放在地上，财物衣服等往往被顺手牵羊。

(二)撬锁入室

盗窃分子乘室内无人之际，撬坏门锁，入室盗窃。

(三)溜门盗窃

盗窃分子乘室内无人、房门未锁之际，溜进门来，将室内的现金、存折、信用卡、手机、照相机等贵重物品盗走。这种手段速度非常之快，甚至不到 1 分钟就可以完成。尤其是盛夏季节，好多学生为图凉快夜间睡觉不关门，小偷乘机入室偷窃。

(四)翻窗入室

盗窃分子往往乘窗户敞开之机，割破纱窗，进入室内盗窃。

(五)窗外钓鱼

盗窃分子乘室内无人或室内人员睡觉之机，用竹竿、木棍等工具从窗外将室内的衣服等物品偷走。

(六)先盗钥匙，再盗物品

盗窃分子乘人不备，在宿舍等处偷来钥匙，或在图书馆、教室、食堂等公共场所，先从书包中盗窃学生的钥匙，然后尾随学生认清他的宿舍，再乘宿舍无人之际用钥匙开门，进行盗窃。

除了上述六类盗窃手段之外，还有偷配钥匙预谋行窃的，也有以找人、卖东西等名义混入宿舍实行盗窃的，等等。

四、预防盗窃的措施

面对盗窃分子，大学生一定要实施好预防盗窃的有效措施，以减少危害。具体说来，预防盗窃有如下几个措施。

第一，要牢固树立防盗意识，克服麻痹思想。盗窃分子的眼光时时盯着大学校园，特别是盯着缺乏经验和防范意识的大学生。大学校园里时常有盗窃分子出入，身边的大学生中极个别人也有盗窃行为。因此，在防范盗窃时，既要防外贼，也要防内贼。

第二，要妥善保管好现金、存折、汇款单等。

第三，保管好自己的贵重物品。贵重物品不用时，不要随便放在桌子上、床上，防止作案者以顺手牵羊、溜门盗窃或窗外钓鱼的手段盗走物品，最好放在抽屉、柜子里，并且锁好。寒暑假离校时应将贵重物品带走，或托给可靠的人保管，不要放在宿舍里，防止撬锁盗窃。贵重物品和衣物最好做上一些特殊记号，一旦被盗，报案时好说明其特点，认领时也有依据，这样，即使被盗，找回来的可能性也大一些。

第四，养成随手关窗锁门的好习惯。

第五，公共浴池防盗。不带较多的现金和贵重物品到公共浴池去洗澡，这些场所往往也是犯罪分子行窃的地方。

第六，自行车防盗。高校里的自行车被盗案时有发生，大学生一定要养成随手锁车的好习惯，最好存放在有人看管、周围有摄像头监控的车棚里。

案例点击

某高校一位姓赵的女同学，到相邻的宿舍聊天，出去时没锁门，仅仅几分钟回来后发现自己上千元的手表、皮夹克和数百元现金被盗走，她非常后悔，痛哭不已。

【专家点评】

上课、参加集体活动、出操、锻炼身体时，一定要关好、锁好宿舍的门窗，包括关好玻璃窗。一个人在宿舍时，即便是上厕所、上水房洗衣服、去临近宿舍串门，几分钟、十几分钟的时间即可回来，也要锁好门，防止被犯罪分子趁机溜门盗窃。

五、发生盗窃案件后的应对措施

大学生在下课后回到宿舍，如果发现门窗被打开、窗上玻璃被打碎、纱窗被割破、室内物品被翻得比较乱等情况，要察觉这就是室内发生盗窃的明显标志。遇到这种情况，头脑要清醒，不要急于到室内查找自己的物品。

首先，要保护好犯罪现场，任何人不得进入室内，以便公安人员在现场提取犯罪分子留下的痕迹。

其次，要及时报案，立刻报告学校保卫部门或公安机关，请他们来到现场第一时间进行调查了解，并配合公安保卫部门查破案件。如果发现存折或汇款单丢失，要马上到银行、邮局去报告、挂失。

再次，丢失贵重物品、自行车等，也要及时到学校保卫部门报告，讲明丢失或被盗情况及自己物品的特征。

安全字典

怎样防止宿舍被盗

第一，最后离开宿舍的同学一定要锁门。

第二，不能留宿外来人员。

第三，对形迹可疑的陌生人应提高警惕。

第四，做到换人换锁，并且不要将钥匙随便借给他人。

第五，保管好贵重物品。

第六，尽量将钱放到银行里，寝室里少放或不放现金；注意不要泄露存折密码，不要将存折交给他人代为取款。

3.2 防范诈骗

案例点击

某大学外语学院大一新生李某来自云南山区，在学校附近的书店看书时，两名学生模样的男子向他走来，自称是某大学的学生，随导师来办事时失去联系，已身无分文，为了证明所说属实还把学生证、身份证给李某看，取得信任后以购买实验仪器为由，希望李某予以资助，承诺回校后马上归还。

李某对此深信不疑，爽快地从银行取出2000元给了两人。然而两人事后却消失得无影无踪。

【专家点评】

大学生不论是在社会场所还是校园内，一定要有警戒意识，谨防怀有骗人之心的不法分子，不要轻信他人，尤其不要轻易地与陌生人进行与金钱有关的交流。

一、诈骗的概念

诈骗是危害公民财产安全的一种违法犯罪行为。它是指以非法占有为目的，用虚构事实或者隐瞒真相的方法，骗取公私财物的行为。其中骗取数额较大的(2000元及以上)，以诈骗罪论处。骗取所得在2000元以下的，属于一般违反治安管理的行为，酌情给予批评教育或者治安处罚。由于诈骗一般不使用暴力，而是在一派平静甚至“愉快”的气氛中进行的，受害者往往会上当。提防和惩治诈骗分子，除了需要依靠社会的力量和法治以外，更主要的还要靠大学生自身的谨慎防范和努力，认清诈骗分子的惯用伎俩，以防上当受骗。

二、校园诈骗案件的主要表现形式

随着社会环境的日趋复杂，形形色色的违法犯罪分子往往在思想单纯、防范意识较差的大学生身上打主意，借结交之机或推销之名，变换手法，施展骗术，引其上当。

第一，科技犯罪，电信诈骗。利用信息技术优势向不特定的受害人实施诈骗行为。如微信诈骗、支付宝诈骗、互联网诈骗等。

第二，伪装身份，直接骗钱。一些诈骗分子伪装自己的真实身份，直接用各种勾当诱使大学生上钩，骗走钱财。

第三，假冒身份，流窜作案。诈骗分子利用假名片、假身份证与受害人进行交往，或者利用捡到的身份证在社会上进行贷款。

第四，故意找茬，勒索钱财。一些社会上的无业青年往往在大学校园门口活动，故意找茬，勒索钱财。

第五，投其所好，引诱上钩。一些诈骗分子往往利用被害人急于就业和急于出国等心理，投其所好，应其所急，施展诡计而骗取钱财。

第六，以招聘为名，设置骗局。大学生在求职找工作的时候，一些诈骗分子往往利用这一机会，以招聘的名义对一些“无知”学生用各种办法骗取介绍费、押金、报名费等。

第七，真实身份，虚假合同。一些诈骗分子利用高校学生经验少，法律意识差，急于赚钱补贴生活的心理，常以公司的名义让学生为其推销产品，签订虚假合同以显示正规。事后却不兑现诺言和支付酬金，从而实现诈骗目的。

第八，借贷为名，骗钱为实。诈骗分子利用人们贪图便宜的心理，以高利集资为诱饵，使部分学生上当受骗。

第九，以次充好，恶意行骗。一些诈骗分子往往利用学生“识货”经验少而又苛求物美价廉的特点，上门推销各种产品，以次充好而使学生上当受骗。更有一些到学生宿舍推销产品的人，一发现室内无人，就会顺手牵羊，溜之大吉。

三、大学生容易受骗的原因

大学时代，是一个伴随着探索与追求、理想与奋进的黄金时代，正值青年的大学生精力充沛、热情奔放、好奇心强，少不了人际交往，这都是极为正常的事情。然而值得提醒的是，有的大学生忽视了世界的多样性和复杂性，忘记了美与丑、正义与邪恶并存，因而不加选择或不慎选择，轻率交友，尽管有善良的动机却落得不幸的结局，这些正是诈骗分子屡屡得手的根本原因。

诚然，他们的初衷往往是无可非议的，但是，从众多受骗上当的事实中反思，不难看出，大学生身上的确存在一些更容易被利用的因素。

第一，涉世不深，思想单纯，防范意识较差，容易轻信他人。大学生从小到大一直在学校里读书，社会生活经验少，分辨是非的能力较差。有的学生感情用事，见到自称“落难者”就想“慷慨解囊”，结果疏于防范，落入骗子设下的圈套。

第二，交友不慎，容易被骗。

第三，贪小便宜，急功近利。

第四，有求于人，轻率行事；好奇心强，虚荣心重。

案例点击

河南某高校大二学生万某，在一次微信诈骗中损失了一千五百元，而且其好友同时被骗，导致间接损失八百余元。最初，万某收到微信好友的消息，称手机刷机后联系人号码没了，要重新储存联系方式。得到万某的手机号码后，对方又称登录微信需要好友验证，要万某把收到的验证码发给他。万某将验证码发过去后，却发现登录不上自己的微信，待修改密码重新登录后，微信账户的零钱已经被转走，而诈骗者在短时间内又以借钱的名义从微信好友中借得八百余元。

【专家点评】

随着手机信息科技的发展，微信账号的安全系数越来越高，但仍然存在被盗的风险。不法分子在知道账号或者绑定的手机号码后，使用手机号码验证可以绕过密码直接登录受害人的微信。在上述案例中，不法分子能够成功是因为两点，第一万某的手机微信开通了免密支付，这直接导致了手机零钱中的钱款被转走；第二很多微信用户对微信好友账号被盗缺乏应有的防范意识。

四、预防和应对诈骗的措施

(一)预防被诈骗，维护自己的财产安全

“害人之心不可有，防人之心不可无。”对任何人，特别是陌生人，不可以轻信，也不可以盲目跟从。

1. 提高防范意识，学会自我保护

社会环境千变万化，青年大学生必须尽快适应环境，学会自我保护。

(1)要积极参加学校组织的法制和安全防范教育活动，多知道、多了解、多掌握一些防范知识。

(2)在日常生活中，要做到不贪图便宜、不谋取私利；在提倡助人为乐、奉献爱心的同时，要提高警惕性，不能轻信花言巧语；不要把自己的家庭地址等私人信息随便告诉陌生人，以免上当受骗；不用不正当的手段谋求工作或出国；发现可疑人员要及时报告，上当受骗后更要及时报案、大胆揭发，使犯罪分子受到应有的法律制裁。

(3)防范电信诈骗，要积极提升自己在网络信息方面的认知水平，提防网络信息诈骗。了解伪基站设备、钓鱼软件、木马病毒等对手机信息的窃取模式，避免用手机扫陌生的、没有保障的二维码，不要将手机的收付款条形码、微信账号登录验证码等敏感信息发送给任何人。

2. 谨慎交友，遇事冷静

人的感情是主体与客体的交流，既是主观体验也是对外界的反映，本身应该包含合理的理智成分。如果只凭感情用事，一味“跟着感觉走”，往往容易上当受骗。交友的基本原则有两条：

一是择其善者而从之。真正的朋友应该建立在志同道合、高尚的道德情操基础之上，是真诚的感情交流而不是简单的利益关系，要学会了解、理解和谅解。

二是严格做到“四戒”，即戒交低级下流之辈，戒交挥金如土之流，戒交吃喝嫖赌之徒，戒交游手好闲之人。与人交往要区别对待，保持应有的理智。对于熟人或朋友介绍的人，要学会“听其言，观其色，辨其行”，而不能“一是朋友，都是朋友”。对于“初次相识的朋友”，不要轻易“掏心窝子”，更不能言听计从，受其摆布利用。对于那些“来如风雨，去如微尘”的上门客，态度要热情、处置要小心，尽量不为他们提供单独行动的时间和空间，以避免给犯罪分子创造有利的作案条件。

3. 同学之间要相互沟通、相互帮助

在大学里，无论哪个学院、哪个专业，班集体总是校园中一个最基本的组织形式。在这个集体中，同学间、师生间的友谊比什么都珍贵，因此相互间应该加强沟通、互相帮助。有些同学习惯于把个人之间的交往看作是个人隐私，但要注意的是，既然是交往就不存在绝对保密。有些交往关系，在自己认为适合的范围内适当透露或公开，更符合安全需要，特别是在自己觉得可能会吃亏上当时，与同学有所沟通或许就会得到一些帮助并避免受害。出现异常情况、可疑之处，同学们应该相互商量、相互提醒、相互沟通，难解之事可以向老师反映，这样在团结的力量下，犯罪分子就难有可乘之机了。

4. 服从校园管理，自觉遵守校纪校规

为了加强校园管理，学校制定了一系列管理制度和规定，用来约束学生的行为，在执行过程中可能会给大学生带来一些不便，但却是必需的。况且，绝大多数校园管理制度都是为控制闲杂人员和犯罪分子混入校园作案，以维护学生正当权益和校园秩序而制定的。因此，大学生一定要认真执行有关规定，自觉遵守校纪校规，积极支持有关部门履行管理职能，并努力发挥出自己的作用。

3-1 遵守校纪校规

(二)应对诈骗的措施

如果发现诈骗分子正在行骗，可以将其稳住，并及时向学校保卫部门报案。如果事后发现被骗，也不要自认倒霉，不了了之，而应向学校有关部门报案，采取相应措施，从而避免更多的学生上当受骗。

3.3　防范抢劫和抢夺

一、抢劫、抢夺的概念

抢劫是指以非法占有为目的，以暴力、胁迫或者其他方法施行的将公私财物据为己有的一种犯罪行为。抢夺是指以非法占有为目的，乘人不备，公然夺取他人财物的一种犯罪行为。

这两类犯罪行为都同时侵害了他人的人身权利，而且容易转化为凶杀、伤害、强奸等恶性案件，严重侵犯大学生的财产及人身权利，威胁大学生生命安全，造成大学生生命、健康及精神上的损害，比盗窃犯罪具有更大的危害性。这两类犯罪行为在大学校园里远比盗窃行为发生得少，但也时有发生，因此必须积极防范。

二、针对大学生的抢劫、抢夺作案的主要特点

(1)案发时间多为晚上，特别是校园内夜深人静、行人稀少时；午休时间也可能发生。

(2)案发地点多为校内偏僻场所和人少的地段。

(3)抢劫、抢夺的对象多为携带贵重物品的人或滞留在阴暗处的恋爱男女或单独的人(特别是女同学)。

(4)犯罪分子的目标是抢夺现金和贵重物品。

(5)犯罪分子较凶残，多数携带凶器，极具侵害性。

(6)作案人一般为校园附近农村、工厂或城镇中不务正业的、有劣迹的青年。

三、预防和应对抢劫、抢夺犯罪的措施

(一)大学生预防抢劫、抢夺的措施

根据大学校园中抢劫、抢夺案件的特点，为避免成为抢劫、抢夺的目标，要注意做到

以下几点。

(1)单独外出时不要携带过多的现金和贵重物品，尽量使用手机支付，尽量控制手机微信、支付宝及绑定的网银账号内的金额。

(2)购买金额较大的物品，尽可能用银行卡结算，并保护好密码。

(3)如果外出时带了现金或贵重物品，最好贴身携带，不要置于手提包或挎包内。

(4)尽量避免深夜滞留在外；穿戴适宜，尽量使自己活动方便。

(5)尽量不要在午休、夜深人静时单独外出，特别是女同学，不要单独在僻静、阴暗处行走、逗留。

(6)发现有人尾随或窥视，不要紧张，不要露出胆怯、害怕的神态，可以大胆回头多盯住对方几眼，或哼唱歌曲，或大声呼喊同学、教师的名字，并改变原定路线，立即向有人、有灯光的地方走去。

安全字典

外出防止财物被扒的措施

第一，尽量不要携带大量现金和贵重物品到人多拥挤的地方。如携带较多钱款，可分散放在内衣口袋里，只放少量钱在手边。

第二，乘公共汽车，不要把钱夹、手机等放在身后的裤兜或上衣口袋里。如果带包出门，钱或贵重物品不要置于包的底部或边缘，以免被割窃。在拥挤时，包应放在身前。不管是购物、吃饭还是试衣时，包不离身，至少不脱离视线。

第三，在人多眼杂处尽量少翻点现金或摸钱包，以免被扒手盯上。

第四，留心自己或同伴是否已被扒手盯上或已成为扒手的目标。

(二)遭遇抢劫时的应对方法

万一遭遇抢劫、抢夺时，大学生应当保持精神上的镇定，根据所处的环境，对比双方的力量，针对不同的情况采取不同的对策。

(1)案发时要在保证自身安全的情况下分析犯罪分子和自己的力量对比，只要具备反抗的能力或有利时机，就应发动进攻，尽力反抗，如可利用有利地形和利用身边的砖头、木棒等足以自卫的武器与作案人形成僵持局面，使作案人短时间内无法近身，以便引来援助者或使作案人放弃继续作案。

(2)实在无法与作案人抗衡时，可以看准时机向有人、有灯光的地方或宿舍区奔跑。

(3)巧妙麻痹作案人。当已处于作案人的控制之下而无法反抗时，可按作案人的需求交出部分财物，并采用语言反抗法，理直气壮地对作案人进行说服教育，晓以利害，从而造成作案人心理上的恐慌。切不可一味地求饶，应当尽力保持沉着镇定，与作案人说笑斗口，采取幽默的方式表明自己已交出全部财物并无反抗的意图，使作案人放松警惕，自己则看准时机进行反抗或逃脱其控制。

(4)无论在什么情况下，遇到抢劫时只要有可能就要大声呼救，或故意高声与作案人说话。犯罪分子逃跑时，应大声呼叫周围的群众，堵截追捕，迫使犯罪分子放弃所抢物品。

(5)遇到持有凶器或成群的犯罪分子时，不要硬拼，要放弃财物，保全生命。

(6)及时报案。要在最短时间内向公安机关、学校保卫部门报案，说明案发时间、地点、犯罪分子特征、自己财物损失情况等。作案人得逞以后，很有可能继续寻找下一个抢劫目标甚至敢在作案现场附近的商店和餐厅进行挥霍。若能及时报案和准确描述作案人特征，则有利于有关部门及时组织力量布控、抓获作案人。

安全字典

确保银行卡安全的措施

一是在陌生环境中使用银行卡后应及时更改账户密码；二是如果使用了电话银行服务，应在结束通话后，回拨一个“0”以消除话机内留存的信息；三是在使用ATM机查询或取款时，应尽量遮住操作过程，以防不法分子窥视；四是ATM机的取款回执要及时处理，切忌随手乱丢，以免为不法分子复制银行卡提供便利。

安全知识

校园大门安全出入通道方案

随着国家相关政策的出台，“平安校园”“数字校园”建设相继展开，安防产品在校园中的应用越来越多。越来越多的学校选择了科学、有效，且节约人力物力的“技防”作为保护校园安全的重要手段，而部分城市更对此做出了强制性的规定，以保障校园安全。在宏观上，作为社会安全的一部分，学校安全直接涉及整个社会的稳定，直接关系到学生家庭的幸福，由于孩子意外伤害导致的家庭悲剧不胜枚举，建设和谐校园也相应地成为建设和谐社会的重要组成部分；在微观上，学校安全事故的发生直接影响着学生身心的发展，在大多数情况下，安全事故不仅会使学生的身体受到伤害，而且会危及他们的心理健康，甚至会产生持久的消极影响。因此，防止学校安全事故的发生，驱散这片笼罩在学校上空的阴霾，净化学生身心发展的环境，是每个教育工作者迫切需要考虑的问题。

对校园的管理应该从校园大门开始，有效地防止外来人员的进入是对校园安全的一个基础保障。对在校住宿学生情况的掌握和信息的传达，也成了校园管理的重点。因此，针对校园现行的管理问题，开发校园无障碍出入管理系统，具有一定的现实意义。

随着计算机技术的发展和日益普及，基于网络和软件的管理方式已成为大势所趋，它的优势不但体现在高效率上，也体现在易操作性上。它为校园管理提供了一个高效率的管理平台，解决了如下问题。

(1)配合门卫对进出校园人员进行精确的身份识别。

(2)自动识别不同类别的人员权限，如普通学生、在职生、实习生、教职工、校外人员等。

(3)自动参考请假、出差和节假日等特殊情况。

(4)具有反潜回功能，同一张卡出现只进不出或只出不进情况时自动报警。

(5)可按时间段指定授权人员(如22：00时后学生不能出校门)。

(6)可指定或限制不同人员某一时间段的出入次数(如普通学生一日只能出学校2次)。

(7)与红外感应结合使用时，如果有人员未携带感应卡出入校门时，系统会自动报警。

(8)无人出入的空闲时间，播放广告、欢迎词等信息。

(9)所有出、入数据作为安防资料存入计算机数据库，包括持卡人的姓名、年级、班级、进出时间等，可随时查询。

(10)实时统计各班或各部门到校人员身份信息、出勤率等数据。

(11)各种报表统计与查询，包括在校时间核算、迟到早退情况、请假、旷课等。

(12)使用注销卡时系统自动报警。

(13)采用远距离IC或ID感应卡，无接触、无磨损、自动感应读卡，延长卡的使用寿命。

(14)系统可扩展性强，可将其应用到宿舍管理、出勤管理等“校园一卡通”方面。

知识汇总

1. 高校校园的盗窃案件的特点

(1)时间上的选择性。

(2)目标上的准确性。

(3)技术上的智能性。

(4)作案上的连续性。

(5)手段上的多样性。

(6)动机上的复杂性。

2. 高校盗窃分子作案的主要手段

(1)顺手牵羊。

(2)撬锁入室。

(3)溜门盗窃。

(4)翻窗入室。

(5)窗外钓鱼。

(6)先盗钥匙，再盗物品。

3. 预防盗窃的措施

(1)要牢固树立防盗意识，克服麻痹思想。

(2)要妥善保管好现金、银行卡、学生卡等。

(3)保管好自己的贵重物品。

(4)养成随手关窗锁门的好习惯。

(5)公共浴池防盗。

(6)自行车防盗。

4. 校园诈骗案件的主要表现形式

(1)科技犯罪，电信诈骗。

(2)伪装身份，直接骗钱。

(3)假冒身份，流窜作案。

(4)故意找茬，勒索钱财。

(5)投其所好，引诱上钩。

(6)招聘为名，设置骗局。

(7)真实身份，虚假合同。

(8)借贷为名，骗钱为实。

(9)以次充好，恶意行骗。

5. 预防诈骗的措施

(1)提高防范意识，学会自我保护。

(2)交友要谨慎，遇事要冷静思考，避免以感情代替理智。

(3)同学之间要相互沟通、相互帮助。

(4)服从校园管理，自觉遵守校纪校规。

6. 预防抢劫、抢夺的措施

(1)单独外出时不要携带过多的现金和贵重物品，尽量使用手机支付，尽量控制手机微信，支付宝及绑定的网银账号内的金额。

(2)购买金额较大的物品，尽可能用银行卡结算，并保护好密码。

(3)外出时带了现金或贵重物品，最好贴身携带，不要置于手提包或挎包内。

(4)尽量避免深夜滞留在外；穿戴适宜，尽量使自己活动方便。

(5)尽量不要在午休、夜深人静时单独外出，特别是女同学，不要单独在僻静、阴暗处行走、逗留。

(6)发现有人尾随或窥视，不要紧张，不要露出胆怯、害怕的神态，可以大胆回头多盯对方几眼，或哼首歌曲，或大叫同学、教师的名字，并改变原定路线，立即向有人、有灯光的地方走去。

专题四

交通安全

4.1 交通安全常识

4.2 大学生常见交通事故的类型、原因及预防交通安全是指不发生交通事故或少发生交通事故的主观条件，即指交通参与者严格遵守交通法规，提高警惕，不因麻痹大意而发生交通事故。大学生交通安全仅指大学生在校园内和校园外出行时的人身安全。只要有行人、车辆、道路这三个交通安全要素存在，就有交通安全问题，也许只是一个小小的意外，就会造成严重后果。据有关报道，自从有机动车道路交通事故死亡记录以来，全世界死于道路交通事故的人数已超过4000万人，近百年来累计死于交通事故的人数已超过两次世界大战中死亡人数的总和。全世界每年有100多万人死于交通事故，其中我国每年就有近10万人死于交通事故。在我们的日常生活中，有许多的突发事故是可以通过努力来预防和避免的。事实证明，良好的安全意识、自觉遵守交通法规、快速灵敏的反应、正确的救护技巧是预防交通事故、最大限度地避免或减轻伤害的有效手段。

4.1 交通安全常识

案例点击

某高校研究生谭某(男，22岁)找同学玩，在骑自行车返校途中，某建筑公司解放牌大货车带挂车由后方驶来，驾驶员鸣笛示意超越。由于前方道路右侧堆放大量木料占据路肩，骑车人听到鸣号后未予理会，继续行驶并发生摇晃，当自行车与汽车齐头时，前轮偏转与汽车右前轮发生刮擦，骑车人倒入汽车与挂车之间，被挂车右前轮碾压头部，当场死亡。

【专家点评】

机动车在其正确行驶路线上比非机动车有“先行权”，自行车在遇前方路障需要绕行占道时，一定要主动避让机动车，那种“反正你不敢轧我”的侥幸心理和故意不让车，与机动车争道抢行是非常错误的，也是造成这起事故的主要原因。

一、交通法规常识

现将《中华人民共和国道路交通安全法实施条例》的相关条例摘录如下。

第二十九条　交通信号灯分为：机动车信号灯、非机动车信号灯、人行横道信号灯、车道信号灯、方向指示信号灯、闪光警告信号灯、道路与铁路平面交叉道口信号灯。

第三十条　交通标志分为：指示标志、警告标志、禁令标志、指路标志、旅游区标志、道路施工安全标志和辅助标志。

道路交通标线分为：指示标线、警告标线、禁止标线。

第三十一条　交通警察的指挥分为：手势信号和使用器具的交通指挥信号。

第三十八条　机动车信号灯和非机动车信号灯表示：

(一)绿灯亮时，准许车辆通行，但转弯的车辆不得妨碍被放行的直行车辆、行人通行；

(二)黄灯亮时，已越过停止线的车辆可以继续通行；

(三)红灯亮时，禁止车辆通行。

在未设置非机动车信号灯和人行横道信号灯的路口，非机动车和行人应当按照机动车信号灯的表示通行。

红灯亮时，右转弯的车辆在不妨碍被放行的车辆、行人通行的情况下，可以通行。

第三十九条　人行横道信号灯表示：

(一)绿灯亮时，准许行人通过人行横道；

(二)红灯亮时，禁止行人进入人行横道，但是已经进入人行横道的，可以继续通过或者在道路中心线处停留等候。

第四十条　车道信号灯表示：

(一)绿色箭头灯亮时，准许本车道车辆按指示方向通行；

(二)红色叉形灯或者箭头灯亮时，禁止本车道车辆通行。

第四十一条　方向指示信号灯的箭头方向向左、向上、向右分别表示左转、直行、右转。

第四十二条　闪光警告信号灯为持续闪烁的黄灯，提示车辆、行人通行时注意瞭望，确认安全后通过。

第四十三条　道路与铁路平面交叉道口有两个红灯交替闪烁或者一个红灯亮时，表示禁止车辆、行人通行；红灯熄灭时，表示允许车辆、行人通行。

第七十四条　行人不得有下列行为：

(一)在道路上使用滑板、旱冰鞋等滑行工具；

(二)在车行道内坐卧、停留、嬉闹；

(三)追车、抛物击车等妨碍道路交通安全的行为。

第七十五条　行人横过机动车道，应当从行人过街设施通过；没有行人过街设施的，应当从人行横道通过；没有人行横道的，应当观察来往车辆的情况，确认安全后直行通过，不得在车辆临近时突然加速横穿或者中途倒退、折返。

第七十六条　行人列队在道路上通行，每横列不得超过 2 人，但在已经实行交通管制的路段不受限制。

二、道路交通安全常识

(一)行人的安全

(1)穿越马路，要听从交通民警的指挥；要遵守交通规则，做到“绿灯行，红灯停”。

(2)穿越马路，要走人行横道线；在有过街天桥和地下通道的路段，应自觉走过街天桥和地下通道。

(3)穿越马路时，要走直线，不可迂回穿行；在没有人行横道的路段，应先看左边，再看右边，在确认没有机动车通过时才可以穿越马路。

(4)不要翻越道路中央的安全护栏和隔离墩。

(5)不要突然横穿马路，特别是马路对面有熟人、朋友呼唤，或者自己要乘坐的公共汽车已经进站时，千万不能贸然奔跑，以免发生意外。

(二)骑自行车时要注意的安全事项

(1)要经常检修自行车，保持车况完好。检查车闸、车铃是否灵敏、正常尤其重要。

(2)自行车的车型大小、车座高低要合适。

(3)不要在马路上学骑自行车。

(4)骑自行车要在非机动车道上靠右行驶，不逆行；转弯时不抢行猛拐，要提前减慢速度，看清四周情况，以明确的手势示意后再转弯。

(5)经过交叉路口，要减速慢行，注意来往的行人、车辆；不闯红灯，遇到红灯要停车等候，待绿灯亮了再继续前行。

(6)骑车时不要双手撒把，不多人并骑，不互相攀扶，不互相追逐、打闹。

(7)骑车时不攀扶机动车辆，不载过重的物品，不骑车带人，不在骑车时戴耳机听广播。

(8)学习、掌握基本的交通规则知识。

在雨雪天气里骑自行车，还应该注意以下几点。

(1)骑车途中遇雨，不要为了免遭雨淋而埋头猛骑。

(2)雨天骑车，最好穿雨衣、雨披，不要一手持伞，一手扶把骑行。

(3)雪天骑车，自行车轮胎不要充气太足，这样可以增加与地面的摩擦，不易滑倒。

(4)雪天骑车，应与前面的车辆、行人保持较大的距离。

(5)雪天骑车，要选择无冰冻、雪层浅的平坦路面，不要猛捏车闸，不急拐弯，拐弯的角度也应尽量大些。

(6)雨雪天气。道路泥泞湿滑，骑车要精力更加集中，随时准备应付突发情况，骑行的速度要比正常天气时慢些。

案例点击

某高校6名学生相约一起骑自行车外出郊游，沿途嬉笑打闹、互相追逐。途中马某(男，19岁)加速骑车超越前方骑车的同学，由于骑行不当，在超车过程中自行车后轮挂住了被超自行车的左侧脚架，马某的自行车当即失去平衡，发生摇晃，偏向路中，此时恰巧一辆汽车迎面驶来，自行车前轮与汽车前端碰撞，马某被撞倒，被汽车左前轮碾压，当场死亡。

【专家点评】

这几个同学在紧张学习之余外出轻松一下本属正常，但在行驶过程中违反了骑车人“不准扶身并行、互相追逐或曲折竞驶”的规定，以致发生事故。

案例点击

某高校学生陈某(男，21岁)骑车进城购物，行至下坡路处，敞开滑行。这时对面驶来一辆大货车，驾驶员发现自行车速度很快，骑车技术看似不很熟练(左右摇晃)，急忙鸣喇叭并靠右停车。骑车人听到汽车喇叭声后，急忙刹车，发现车闸失灵，忙伸出右脚蹬踏车轮圈。由于骑车人在高速行驶中采取上述措施，造成自行车左右摇晃厉害，迎面撞上已停靠路右边的汽车左前端，造成重伤，在医院抢救无效死亡。

【专家点评】

自行车车闸有效是确保骑车安全的一项重要措施。每次骑车前都应检查一下车闸是否有效，平时发现车闸不灵应及时修理。这起事故是因车闸发生故障继续违章行驶造成的。自行车下坡敞开滑行，本就很危险，又遇途中车闸失灵，前方又有汽车驶来，更是险上加险。骑车人不是迅速下车，而是用脚蹬踏自行车后轮，企图使车闸恢复正常，结果导致与汽车相撞。这个教训是非常深刻的。

(三)搭乘交通工具注意事项

1. 乘坐公共汽车

(1)上街购物，乘坐市内公交车，要等车到站并停稳后，再依次上车，绝不强行上下车，酒后不要单独一人乘坐公交车。

(2)由于乘车人多拥挤，头、手不要伸出车外，要注意妥善保管好自己的钱物，防止被盗造成损失。

(3)要礼貌文明乘坐，注意社会公德，不向车内外吐痰，不吸烟，遇到老、幼、病、残、孕妇及怀抱婴儿者，要主动让座。

(4)下车时，要左右顾盼是否有车辆从门旁经过，确认安全后再下车。

2. 乘坐出租车

(1)需要乘坐出租车时，不要在车道上招呼拦搭。

(2)车未停稳不要上车，途中不要催司机开快车或违章超车，也不要把手或身体其他部位伸出车外，以免发生事故。

(3)停车下车时，要注意拿好自己的东西，检查座位上是否有遗漏物品。索要出租车票，万一遗留物品在车上也方便联系寻找。

安全字典

(1)发现这些情况时请及时制止，拒绝乘车：车辆破损，声音异常；驾驶员精神状态不佳、酒后驾车；车辆不正常运行；客车有其他违反操作规程。

(2)恶劣天气，如大风、大雨、大雾、大雪天，尽可能不外出，不坐汽车。

(3)生病无人陪伴不要乘车。

(四)驾驶交通工具的安全

(1)要遵守交通标志和交通信号，听从交警指挥。不要驾驶有机械故障的“带病车”上路。

(2)在没有划分机动车道和非机动车道的道路上行驶时，应在道路中间行驶。行驶时不超过限速标志牌标明的最高时速，与前车保持足以采取紧急制动的安全距离。

(3)行经人行横道时，应减速行驶；遇到行人正在通过人行横道，应停车让行；行经没有交通信号的道路遇行人横穿道路时，应当相让。

(4)不在酒后驾车。

(5)在发生交通事故后，要立即停车，开启危险报警闪光灯，并在来车方向 50～100 米(高速公路上为 150～200 米)处设置警示标志，同时全力抢救受伤人员。

(6)在高速路上行驶的车辆发生故障，需要停车排除故障时，驾驶人应立即开启危险报警闪光灯，并将车辆移至不妨碍交通的地方停放；车辆难以移动时，应当继续开启闪光灯，并将警示标志设置在距事故车来车方向 150 米以外(雨雾天气应将距离提升到 200 米)。

(五)旅途中交通安全常识

(1)出门旅游，乘坐火车、长途汽车、轮船，要注意安全，不要随身携带易燃、易爆以及其他危险物品上车，除必要的日用品和换穿的衣服外，尽量少带其他东西，以便轻装上路。

(2)在车站、码头候车时，要保管好自己的行李，行李不要离人放置，需要上洗手间时，不要交代不认识的人代为看管。

(3)上了车船后，按位置入座，把自己携带的行李放到自己能照看到的行李架上，不要胡乱摆放。车船开动后，不要将身体伸出窗外。

(4)身上带的钱，除随身预留临时花的零钱外，暂时未用到的钱应多处存放，妥善保管，预防被盗后因分文不剩而影响自己的旅途。

(5)将下车船时，清点好自己的行李数量，归拢到一起，待车船停靠停稳后再下，不要拥挤。

(6)发现自己的钱物被盗时，应及时向公安乘警或司乘人员报告，知道犯罪嫌疑人是谁，要大胆举报(注意策略方法)，并争取得到其他旅客的协助支持，从而制服犯罪分子。

(7)遇到抢劫、生命受到威胁时，在敌我力量悬殊的情况下，不要硬碰硬地同犯罪分子对抗，在保全自己生命的情况下可舍弃钱物，待犯罪分子下车或车到站后及时报警。

(8)注意自己乘坐车船的应急安全出口位置及救命逃生用具的使用方法，以防万一出事而慌不择路，造成生命财产受损，如果遇到事故，要沉着冷静，果断处置。

(9)与人交往，不要轻易相信别人，也不要把家庭地址、电话号码等基本情况告诉对方，不轻易接受他人给的食品、饮料，防止被下药。

(10)中途转换车船，要注意当次车船是否到达目的地，以防乘错车船影响旅途。

三、交通标志

(一)道路交通标志

道路交通标志，是用形状、颜色、符号、文字对交通进行导向、警告、规制或指示的一种道路附属设施，一般设置在路侧或道路上方(跨路式)，以实现静态交通控制。它分为主标志和辅助标志两大类。主标志又分为警告、禁令、指示、指路四项 95 种，辅助标志有 5 种，共计有 100 种。

(1)警告标志。这是一种警告车辆、行人注意危险的标志，常设在驶入路段上。其形状为等边三角形，顶角朝上，颜色为黄底、黑边、黑图案，警告标志共 24 种。如图 4-1 所示。

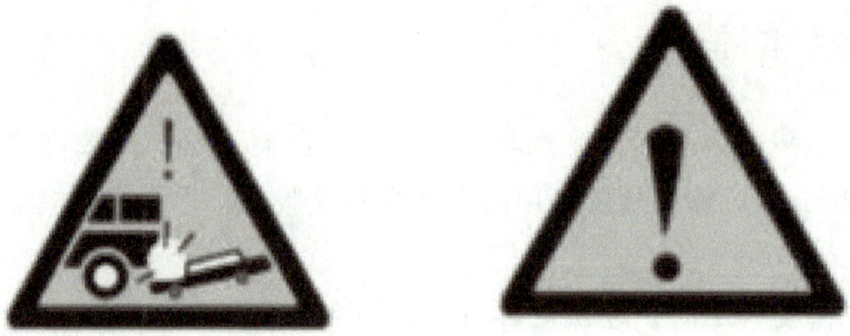

(a)　　(b)

图 4-1　警告标志

(2)禁令标志。这是一种限制车辆、行人交通行为的标志，通常设置在出入口的路段上，共有 35 种。在禁令标志中，除了让行标志为倒三角形外，其他均为圆形。绝大多数禁令标志为白底、红圈、黑图案压杠。如图 4-2 所示。

(a)　　(b)

图 4-2　禁令标志

(3)指示标志。这是一种指示车辆、行人通行的标志，设在入口的路段上，共有 18 种。其形状有圆形、长方形和正方形三种，颜色为蓝底、白图案。如图 4-3 所示。

(a)　　(b)

图 4-3　指示标志

(4)指路标志。这是一种传递道路方向、地点和距离信息的标志，它一般分道路标志和高速公路指路标志，共 27 种。其形状除地点识别标志外，均为长方形和正方形。其颜色，除里程碑、百米桩和公路碑外，一般为蓝底、白图案，高速公路上的指路标志为绿底、白图案。如图 4-4 所示。

(a)

(b)

图 4-4 指路标志

(5)辅助标志。这是一种对主标志起辅助说明作用，附设在主标志之下，不单独使用的标志。其形状为长方形，颜色为白底、黑字、黑边框。有表示时间、车辆种类、警告禁令理由、组合辅助、区域或距离标志 5 类。如图 4-5 所示。

(a)

(h)

图 4-5 辅助标志

(二)道路交通标线

道路交通标线，是指用漆类物质喷印或用混凝土预制块、瓷瓦等镶嵌在路面或缘石表面，用来表示交通规则、警告或导向的示意线、文字、符号或颜色等。它的作用包括：可实现机动车与非机动车分隔和人与车分隔；可渠化路口、改善路口的交通状况；可与交通标志、交通信号配合使用，增强其有效性；可为交通执法提供明确的法律依据。

交通标线按其几何位置可分为路面标志、视线引导标志和立面及缘石标志三类。路面标线的颜色有黄色和白色两种：白色一般用于准许车辆越过的标线，如车道线、转弯符号等；黄色一般用于车辆不准许超越的标线，如禁止通行区、不准超车的双中心线等，视线引导标志如路标为沿道路中线或车道边线或防撞墙埋设的反光标志物等；车辆夜间行驶时，在车灯照射下，路标的反光作用会勾画行车道或车道的轮廓，从而向驾驶员提供行驶导向；立面标志最常见的为路面突起路标，它是一种固定在路面上起辅助和加强标线作用的凸起标志块，常采用反光材料制作。

(三)交通信号

交通信号是一种动态的交通控制形式，它有指挥灯信号、车道灯信号、人行横道信号、交通指挥手势信号等一些形式。

(1)指挥灯信号。当指挥灯信号横向安装时，面向灯光从左到右为红、黄、绿三色；竖直安装时，面向灯光自上而下为红、黄、绿。其含义如下：

绿灯亮时，准许车辆、行人通行，但转弯的车辆不准妨碍直行车辆和被放行的行人通行。黄灯亮时，不准车辆、行人通行，但已越过停止线的车辆，进入人行横道的行人，可以继续通行。

红灯亮时，不准车辆、行人通行。绿色箭头灯亮时，允许车辆按箭头所示方向通行。红灯本是禁行信号，但如果在红灯位置的上方或下方设有绿色箭头灯，则绿色箭头灯亮时车辆可按箭头所指方向直行或左转弯。

黄灯闪烁时，车辆、行人须在确保安全的原则下通行。

(2)车道灯信号。车道灯信号有两种，由绿色箭头灯和红色叉形灯组成，设在可变车道上。绿色箭头灯亮，表示本车道准许车辆通行；红色叉形灯亮，表示本车道不准车辆通行。

(3)人行横道信号。人行横道灯由红、绿两色灯光组成。在红灯镜面上有一个站立的黑色人形象，在绿色镜面上有一个行走的黑色人形象。

(4)交通指挥手势信号。手势信号分直行、转弯和停止三种。

4.2 大学生常见交通事故的类型、原因及预防

案例点击

广东某高校学生李某，眼睛近视，可他却喜欢戴着耳塞边听音乐边走路边看书，有时候车到了跟前他才发觉。同学提醒他要注意，他却当作耳边风。2016 年 11 月的一天下午，他跟往常一样一边听着音乐一边看着书回宿舍，经过一个十字路口时，一辆桑塔纳轿车从他左侧开过来，汽车鸣笛，他丝毫没有避让的意思，结果汽车刹车不及时将他撞倒，幸好车速不是太快，否则他性命难保。

【专家点评】

从这个案例中可以看出，该同学不够重视交通安全，行路时注意力分散，终酿成事故。

在平时的生活中，大学生要重视交通安全，学习和积累交通安全常识，自觉遵守交通法规，无论在校园内还是校园外行走时，都要做到“眼观六路，耳听八方”，时刻注意来往的车辆和行人，及时避让来往车辆，学会保护自己的人身安全。

4-1 遵守交规，守护安全

一、大学生交通事故的主要类型

近年来，随着各种车辆的剧增，大学生交通事故的发生率呈不断上升趋势。大学生在校园内外发生的交通事故类型主要有以下几种。

(1)人与机动车发生碰撞。大学生发生交通事故致伤致死的主要原因是与机动车相撞。

(2)乘坐交通工具发生事故致伤、致死。大学生因乘坐交通工具发生的交通事故屡见不鲜，有时甚至造成重大伤亡事件，教训十分惨重。

(3)驾驶机动车违章发生交通事故致伤、致死。拥有驾驶证的大学生较多，有车的大学生也不在少数，其中一些学生驾龄短、经验少，遇到紧急情况时，缺乏经验，手忙脚乱，易发生事故。

(4)被非机动车撞伤。这种情况大多数发生在校园内，大学生被骑自行车的人撞伤，而肇事者大多数又是大学生。

安全字典

大学生步行、骑车、驾车，乘坐飞机、火车、汽车、轮船等交通工具外出时，时刻要注意交通安全，要把自己和他人的生命安全摆在第一位，不能有丝毫的松懈和疏忽。

二、大学生常见交通事故的原因分析

近年来，随着社会的发展，高校办学规模的不断扩大和师生生活水平的提高，高校内机动车数量明显增加。校园周边机动车和非机动车车辆密集，行人、自行车、机动车争道问题严重，而交通安全意识淡薄、交通标志欠缺、交通管理空白、外来车辆漠视校园规章制度等交通问题依然突出，造成师生交通安全事故增多，轻者受伤，重者死亡。发生交通事故的原因十分复杂，是由人、车、路、环境、管理、法制等多种因素共同作用的结果。

通过进一步分析大学生发生交通事故的原因，可以归纳为主观人为因素和客观环境因素两方面。主观人为因素包括思想麻痹、安全意识淡薄、交通安全知识缺乏、遵守交通法规的自觉性差、驾驶人员操控不当等。客观环境因素包括道路、交通设施等交通条件落后，车辆的机械性能差以及法律不健全、处罚力度不够等。大学生应从自身主观因素上下功夫，主动学习交通安全知识，自觉遵守交通法规，尽可能地预防和避免交通事故的发生。

大学生发生交通事故的原因主要有以下几方面。

1. 思想麻痹，安全意识淡薄

许多大学生刚刚离开父母和家庭，社会生活经验缺乏，交通安全意识比较淡薄，主要表现形式有以下三方面。

(1)注意力不集中。这是最主要的事故原因，表现为行人在走路时边走路边做其他事情，或者左顾右盼、心不在焉。

(2)在路上进行球类活动。大学生精力旺盛、活泼好动，即使在路上行走也是蹦蹦跳跳、嬉戏打闹，甚至有时还在路上进行球类活动，更是增加了发生事故的概率。

(3)骑“飞车”。一般高校校园面积都比较大，宿舍与教室、图书馆等之间的距离比较远，所以许多大学生购买了自行车，课间或下课时骑自行车在人海中穿行是大学的一道风景线。但部分学生骑行过速，就此埋下祸根。

案例点击

2016 年 5 月，上海某高校两位男同学在操场踢完足球后，在回寝室的路上传球，此时身后正好驶来一辆两轮摩托车，由于驾驶员方向把握不稳躲闪不及撞上了其中的一位同学，造成其右小腿骨折。

【专家点评】

从案例中要吸取教训，不能在路上进行球类活动以免造成不必要的危险。

2. 交通安全知识缺乏

在各个高校中普遍存在这样一种情况，有许多大学生只注重学习学校规定需要考试的几门课程，而很少主动学习交通安全知识，甚至有的同学连基本的交通安全常识都不甚了解，而学校方面也没有专门将交通安全方面的课程列入正常教学计划中，大学生只能被动地从保卫部门的提醒中获得这方面的知识。大学生余暇时购物、观光、访友等要到市区活动，这些地方车流量大、行人多，各种交通标志令人眼花缭乱，与校园相比交通状况更加复杂，若缺乏通行经验，发生交通事故的概率就会增加。

3. 遵守交通规则的自觉性差

有些大学生在日常学习和生活中没有养成良好的自觉遵守法律法规的习惯，自制能力和自觉性较差，横穿马路时，在“只为图一时之快，不愿意多走一步”的心理作用下，经常做出违反交通法规的事情，如不走斑马线、人行道等。

4. 驾驶人员操控不当

近年来，私家车数量猛增，大量新手上路，成为诱发交通事故的又一大因素，被称为

“马路杀手”。由于新手驾驶经验明显不足，遇到紧急情况时往往惊慌失措，导致操控不当，就容易引发交通事故。

5. 校园道路、交通设施等交通条件落后

近年来，大学校园面积增加不大，校园道路变化不大，但是，在校生数量却逐年增加，校园内车辆飞速增长，人车抢道的现象非常普遍，校园内交通安全形势严峻。校园道路的拓宽和改造未跟上，交通标志、标线不够完善，交通设施、设备的改善落后，视觉盲区依然存在，引发交通事故的隐患没有消除。

6. 车辆的机械性能差

现在上路的各类机动车品牌众多、质量各异。有些车辆因出厂年限较长和没有及时保养维护，车况较差，制动失灵，遇到紧急刹车，往往容易出事。

7. 法律不健全，处罚力度不够

我国交通事故发生率大幅度上升，很大程度上与交通法律推行时间不长、交通法规不健全、处罚力度不够有关，同时也与人们法律意识不强、对交通法规的认识不够有关。针对违法者处罚力度不够或过于温和，往往使违法者抱着侥幸心理，一犯再犯。

三、大学生常见交通事故的预防

大学生不管是在校内还是校外，不论是行走、骑车，还是乘车、开车，发生交通事故最主要的原因是思想麻痹，不遵守交通法规，缺乏交通安全常识，自我保护意识淡薄等。作为一名在校大学生，遵守交通法规是最起码的要求，若没有交通安全意识，很容易带来生命之忧。学校应及时开展道路交通安全的宣传和教育，完善对学生的教育、宣传等源头管理机制。为了预防交通事故，应做好以下几点。

1. 认真遵守交通法规

交通法规是根据大量交通事故的经验教训制定的，它是人们交通安全的基本保障。只要自觉遵守交通法规，就会少发生或不发生交通事故。相反，如果不遵守交通法规，存有侥幸心理，甚至明知故犯，如违章驾驶、骑车带人、逆行、闯红灯、行人过马路不走人行横道和过街天桥等，就非常容易发生交通事故。

2. 掌握基本的交通安全知识

要了解道路通行条件中的交通信号灯、交通标志、交通警察指挥手势的含义。要了解道路通行中的一般规定，机动车、非机动车、行人和乘车人的通行规定以及高速公路的特别规定。要了解交通事故处理中保护现场、抢救受伤人员、报警、交通事故的调解和诉讼，以及向保险公司理赔等方面的知识。

3. 增强自我保护意识

由于机动车驾驶员违规驾驶，结果造成了大学生无辜被撞伤、撞死，这样的教训是十分惨痛的，因此大学生必须增强自我保护意识，警惕和防止由于他人的过失对自己造成伤害。出行时要集中精力，不仅要瞻前，而且要顾后，眼观六路，耳听八方；发现违法的车辆向自己驶来时要主动避让，防止伤害到自己；不开车况不好的车上路；开车不超速，与前车保持安全距离；遇到路况复杂、天气不好时，要处处加以小心，及时避让，以免受到意外伤害。

4. 广泛开展道路交通安全的宣传和教育

学校作为大学生的管理部门，应设立交通安全宣传栏，利用广播、网络等传播交通安全知识，广泛开展交通安全宣传教育活动。安排一定课时的交通安全讲座，会同交警部门一起宣讲交通法律知识和安全知识，提高学生知法守法的自觉性。要动员、教育全体教职员工进一步增强工作责任感和自觉性，以教育学生、提醒学生和帮助学生为己任。加强与交警的协调联动，完善对学生的教育、宣传等源头管理机制。

5. 进一步加强学校周边道路的秩序管理，完善交通安全设施

交警部门要结合师生出行的特点，全面排查学校周边地区的交通安全隐患，及时联合有关部门制订整改方案，认真加以解决。一是针对师生出行规律，科学调整警务方式，合理调配警力，特别是对校园周边路段的堵点、乱点、事故多发点和人流车流高峰时段要采取定点、定岗措施，加强交通管控力度；二是联合相关职能部门从严查处学校周边地区从事非法营运的车辆；三是通过组织学生志愿者上路维护交通秩序、劝导交通违法行为等形式，落实长效管理措施；四是将校方就师生出行问题提出的专门方案及时向当地党委、政府做专题汇报，在党委、政府的统一领导下加以落实。

四、发生交通事故的处理办法

发生事故后，在第一时间报案和及时施救，对伤员采取正确的救护措施，可以最大限度地挽救生命和减少损失。

(1)及时报案。无论在校外还是在校内，一旦发生交通事故，应首先想到及时报案，这样才有利于事故的公正处理，千万不能与肇事者“私了”。若在校外发生交通事故，除及时报案外，还应该及时与学校取得联系，由学校出面处理有关事宜。

(2)医疗救护。当在道路上发生造成人身伤亡的交通事故时，车辆驾驶人应当立即抢救受伤人员。

(3)保护现场。事故现场的勘查结论是划分事故责任的依据之一，若现场没有保护好，会给交通事故的处理带来困难，造成“有理说不清”的情况。切记，发生交通事故后要保护好事故现场。

(4)控制肇事者。若肇事者想逃脱，一定要设法控制，自己不能控制时可以发动周围的人帮忙控制，若实在无法控制，也要记住肇事车辆的车牌号码等。

安全知识

酒后为什么不准驾车?

所谓“饮酒后”，一是指不论饮量多少，只要饮用了含有酒精的饮品，包括白酒、啤酒或果酒等，时间在8小时以内的，均为饮酒后；二是酒精检测器检测，看血液中是否含有酒精成分，含有酒精成分的则为“酒后”。那么，为什么规定酒后不准驾驶机动车呢？因为机动车是一种速度快、冲力大的交通工具，它要求驾驶员行车时，对于道路上瞬息万变的交通情况，要在0.75秒内做出迅速的判断，并采取恰当的技术措施，才能保证交通安全。饮酒后，酒会对人的中枢神经起麻醉抑制作用。实验证明，饮酒者每100毫升血液中含酒精50毫克时，反应能力即有所下降；达到100毫克时，下降约35%；达到150毫克时，下降50%，并使人动作失调，手脚失控。驾驶员在没有饮酒的情况下行车，发现前方危险情况，从视觉感知到踩制动踏板的动作之间的反应时间一般为0.75秒。饮酒后一是驾驶员会出现远视，造成视物的立体感上发生误差；二是反应时间要增大2～3倍。所以，我国《道路交通管理条例》中规定禁止酒后开车。可有人误认为禁酒只限于白酒，实际上凡是酒类都含有酒精成分，如啤酒含3%～5%，葡萄酒含10%～15%。据统计，驾驶员酒后开车，其发生交通事故的概率为没有饮酒情况下的16倍。

知识汇总

1. 行人应注意的道路交通安全

(1)穿越马路，要听从交通民警的指挥；要遵守交通规则，做到“绿灯行，红灯停”。

(2)穿越马路，要走人行横道线；在有过街天桥和地下通道的路段，应自觉走过街天桥和地下通道。

(3)穿越马路时，要走直线，不可迂回穿行；在没有人行横道的路段，应先看左边，再看右边，在确认没有机动车通过时才可以穿越马路。

(4)不要翻越道路中央的安全护栏和隔离墩。

(5)不要突然横穿马路，特别是马路对面有熟人、朋友呼唤，或者自己要乘坐的公共汽车已经进站时，千万不能贸然奔跑，以免发生意外。

2. 乘坐公共汽车时应注意的事项

(1)等车到站并停稳后，再依次登车，绝不强行上下车，酒后不要单独一人乘坐公交车。

(2)注意妥善保管好自己的钱物，防止被盗造成损失。

(3)要礼貌文明乘坐，注意社会公德。

(4)下车时，要“左顾右盼”是否有车辆从门旁经过，确认安全后再迅速下车。

3. 大学生交通事故的主要类型

(1)人与机动车发生碰撞。

(2)乘坐交通工具发生事故致伤、致死。

(3)驾驶机动车违章发生交通事故致伤、致死。

(4)被非机动车撞伤。

4. 大学生发生交通事故的原因

(1)思想麻痹，安全意识淡薄。

(2)交通安全知识缺乏。

(3)遵守交通规则的自觉性差。

(4)驾驶人员操控不当。

(5)校园道路、交通设施等交通条件落后。

(6)车辆的机械性能差。

5. 大学生常见交通事故的预防

(1)认真遵守交通法规。

(2)掌握基本的交通安全知识。

(3)增强自我保护意识。

(4)广泛开展道路交通安全的宣传和教育。

(5)进一步加强学校周边道路的秩序管理，完善交通安全设施。

专题五

消除火患

5.1　消防安全与火灾

5.2　火灾的预防及其措施

5.3　灭火的方法

5.4　火场自救及逃生

消防安全工作是国民经济和社会发展的重要组成部分，是发展市场经济、构建和谐社会不可缺少的保障条件，它直接关系到民众的安全和社会的稳定。近年来，高校校园火灾事故时有发生，严重威胁着高校师生员工的人身安全和公私财产安全。预防和扑灭火灾的消防工作，关系到广大师生员工的切身利益，关系到高校的安全稳定和高教事业的健康发展。因此，深入细致地做好高校消防工作，确保高校校园的消防安全，是营造良好校园环境的重要内容。

5.1 消防安全与火灾

案例点击

2016年6月2日上午9时左右，某高校10号男生楼302室发生火灾，经调查，该起事故是烟头引起的。系该室一名男同学7时30分起床后，点燃一支烟，吸了一半。另一半的烟放在床头的架子上后，急忙关门去上课，结果烟头掉在被子上，引起了火灾。

【专家点评】

烟头的表面温度达200～300℃，中心温度为700～800℃，一般可燃物的燃点大多低于烟头表面温度，若点燃的烟头遇到低于烟头温度的可燃物，就能引起火灾。所以，大学生一定要增强防火意识，从自身做起。否则就可能给学校和自身带来巨大的损失。

我国消防工作通过总结历史经验，以《中华人民共和国消防法》中规定的“预防为主，防消结合”的方针，作为消防工作的指导原则。任何人、任何单位都必须正确理解、认真执行。这一方针不仅适用于火灾的预防和扑灭，而且对于预防各类近似事故的发生也具有积极的指导意义。“预防为主，防消结合”的方针，科学地说明了防火与灭火的辩证关系，反映了人们同火灾作斗争的客观规律。正确理解和认真执行这一方针，就必须认真做好防火工作，力求从根本上防止火灾的发生。与此同时，在生活实践中要积极做好灭火的各项准备工作，一旦火灾发生，要迅速有效地予以扑灭，最大限度地减少因火灾所造成的伤亡和损失。

5-1　火灾的原因

高校校园是大学生学习生活的主要场所，人员密集，一旦发生火灾，极易造成财产损失和人员伤亡。所以，进行高校消防安全教育，普及消防知识具有深远而重大的意义。

一、火灾的含义与分类

依据国务院颁布的《生产安全事故报告和调查处理条例》(国务院令 493 号)中规定的生产安全事故级标准，公安部将火灾分为特别重大火灾、重大火灾、较大火灾和一般火灾 4 个等级。

(1)特别重大火灾，是指造成 30 人以上死亡，或者 100 人以上重伤，或者 1 亿元以上直接财产损失的火灾。

(2)重大火灾，是指造成 10 人以上 30 人以下死亡，或者 50 人以上 100 人以下重伤，或者 5000 万元以上 1 亿元以下直接财产损失的火灾。

(3)较大火灾，是指造成 3 人以上 10 人以下死亡，或者 10 人以上 50 人以下重伤，或者 1000 万元以上 5000 万元以下直接财产损失的火灾。

(4)一般火灾，是指造成 3 人以下死亡，或者 10 人以下重伤，或者 1000 万元以下直接财产损失的火灾。

注："以上"包括本数，"以下"不包括本数。

二、高校发生火灾的原因

据资料统计，历年来高校发生的火灾，原因大体可归纳为以下几方面。

(一)消防意识淡薄，违章使用明火

1. 违章点蜡烛

有的大学实行按时集体熄灯的规章制度，一些学生熄灯后违章使用蜡烛，极易引起火灾。

2. 违章点蚊香

点燃的蚊香温度达 700℃左右，而布匹的燃点为 200℃，纸张燃点为 130℃。若这类可燃物品靠近点燃的蚊香，极易被引燃。

3. 违章吸烟，乱扔烟头

个别大学生在校园内违章吸烟，并且未能及时熄灭烟头，随意乱扔，极易引起火灾事故。

4. 违章使用灶具

个别大学生为图省事、方便，在宿舍内使用煤油炉、酒精炉做饭烧水，并因使用不当而引起火灾事故。

5. 违章烧废物

有的大学生在宿舍内烧废纸等物，如果靠近蚊帐、衣被等可燃物或火未彻底熄灭，人

就离开，火星飞到这些可燃物上也能引起火灾。

6. 树林草坪违章用火

在校园内树林或草坪吸烟、玩火、野炊、烧荒，都能引发火灾。因树林地下有较多落叶、松果和枯草，特别是冬季草坪枯萎，天气干燥，一遇火种，极易引发火灾。

(二)违反实验室操作规程，引起火灾

某些专业实验需要在实验中用火、电等，如果违反规程，就可能引起火灾。如在使用有电感的实验设备时将物品覆盖在散热孔上，使设备聚热，导致设备燃烧；用火时，周围的可燃物未清理完，火星飞到可燃物上引起燃烧；化学实验时，将化学性质相互抵触的化学试剂混在一起，实验温度过高或操作不当，也能引起火灾事故。

(三)违章使用电器引起火灾

1. 违章用电

违章加粗保险丝或用铁丝、铜丝代替保险丝，会造成线路超负荷、短路时不能熔断引起线路燃烧；违章乱拉乱接电线，容易损伤线路绝缘层，引起线路短路和触电事故。因此，大学生要遵守学校规定，不要违章用电，避免火灾的发生。

案例点击

2016年9月8日，某高校6号男生楼602室一名学生在宿舍内使用电热水瓶，接通电源后，电源线拖在被子上，然后人离开了宿舍。过了一段时间返回时，他发现宿舍窗户处有烟冒出，原因系线路超负荷，线路发热，绝缘层熔化，造成线路短路起火，给宿舍造成损失。

【专家点评】

高校的建筑物供电线路、供电设备，都是按照实际使用情况设计的，在宿舍内使用大功率电器，如电炉、电饭锅、电吹风、电热水瓶等，会使供电线路过载发热，加速线路老化而起火。

2. 使用电器不当

(1)在不完全了解电器性能和原理的情况下使用电器引起火灾。如使用交直流两用不带交流开关的录音机，总以为关闭录音机即可，实际上交流还在工作，电源变压器长时间工作，变压器聚热，就会引起燃烧。

(2)电器在使用过程中由于定时供电或因故障停电而停止工作，但未切断电源，待来电后也会引起火灾。

案例点击

某高校一女大学生使用电吹风吹头发时，突然停电，电源插头未拔就离开宿舍，来电时又没有回宿舍，电吹风较长时间工作，最终引起了火灾，造成了一定程度的损失。

【专家点评】

在电器使用完毕或停电时，都必须切断电源。

(3)因用电器接近可燃物或散热不良而引起火灾。60瓦以上的灯泡若靠近纸等可燃物，长时间烘烤就可能导致起火；充电器长时间充电，又被衣被覆盖，散热不良，也能引起燃烧。

(四)校园消防安全教育宣传不够深入和普及

高校校园人员多而杂，违规违章行为时有发生，学校应大力加强大学生的消防教育力度，以防止不必要的火灾伤亡与损失。

(五)人员集中，疏散困难，造成火灾伤亡

高校校园人员非常集中，有发生火灾的迹象时，往往由于疏散困难而延误救火时机，导致更大的伤亡和损失。所以，高校在进行消防教育时，可做一些火灾的疏散演练，在实践中加强防火意识，提高应对火灾的应变能力。

5.2 火灾的预防及其措施

案例点击

2016年3月6日上午，某大学信息通信学院的学生白某在实验室使用“热得快”烧水，不慎引起火灾，并造成一定损失。事故发生后，学校依照“谁主管、谁

负责”的原则对有关责任人进行了责任追究。学校党委书记、校长、主管安全工作的副校长、信息通信学院党总支书记、院长、主管安全工作的副院长都分别做了检查，并接受了罚款。对引起火灾的责任人白某，公安机关给予行政拘留5天、学校给予留校察看的处分，对学院主管安全工作的副院长给予行政警告处分。

5-2　火灾逃生方法

【专家点评】

由于白某忽视了“热得快”的危险性，不慎给学校和个人造成了双重损失。这个案例告诉我们，大学生在日常生活中一定要注意防火，尤其对易引起火灾的电器更要多加注意。

一、家庭防火

(一)家庭火灾发生的原因

1. 用火不慎

麻痹大意、消防安全意识淡薄，极易引发火灾。例如，使用炉火、灯火不慎，在床上吸烟，乱丢未熄灭的火柴、烟头，引发火灾。

2. 用火设备不良

例如，炉灶、火墙、火炕、烟囱等不符合防火要求，靠近可燃物或因年久失修裂缝漏火，极易引起可燃物起火。

3. 电器设备安装、使用违反安全管理规定

例如，电气设备及其安装不符合规格、绝缘不良、超负荷，可能发生电线短路。在电灯泡上使用罩纸或其他可燃物，乱接乱拉电线，忘记拉掉电闸或关闭电视机等家用电器，都容易造成火灾。

4. 儿童玩火

目前，不少火灾是由儿童玩火引起的。例如，小孩玩火柴、玩打火机、吸烟、烧纸、在易燃物附近放鞭炮，不仅容易引起火灾，还容易造成伤亡事故。

5. 自燃起火

浸油的棉织物，新割的稻草和谷草，潮湿的锯末、刨花、豆饼、棉籽、煤堆等，因通风不良，积热散发不出去，易自燃起火。

6. 爆炸引起的火灾

例如，某些高压容器、电气设备爆炸，往往造成重特大火灾和人身伤亡事故。

(二)家庭火灾的特点

1. 易形成大面积燃烧

单层毗连式住宅或走廊式宿舍楼，以及棚户区居民火灾，往往一家失火，殃及四邻，形成大面积燃烧。

2. 火灾蔓延迅速

高层住宅由于向空中发展，竖向空间烟囱作用十分明显，竖向交通形成的电梯井、楼梯井，以及管道井、垃圾井等众多的“竖井”，在失火时会成为火势竖向蔓延的主要途径，而火灾竖向蔓延的速度比水平蔓延快 4～5 倍，因此，高层住宅发生火灾，如不及时控制，很容易蔓延发展成立体形大火。

3. 财物损失严重

居民住宅面积有限，在有限的空间内，集中着大量的家用电器、各种家具和衣物，还有许多易燃装饰材料，一旦发生火灾，物资不易疏散，财物损失严重。

4. 易造成人员伤亡

居民中的老、弱、病、残者及小孩常常是受害者。如果在高层住宅内，人员更难以疏散。

5. 扑救困难

居民住宅内可燃物集中，通风条件差，发生火灾时产生大量的烟雾，给扑救工作带来困难。如果住在高层，灭火设施及器材受楼高的限制，扑救工作将更为复杂。

(三)家庭防火的措施

(1)点燃的蜡烛、蚊香应放在专用的架台上，不能靠近窗帘、蚊帐等可燃物品。

(2)到床底、阁楼处找东西时，不要用油灯、蜡烛、打火机等明火照明。

(3)不能乱拉电线，随意拆卸电器，用完电器要及时拔掉插销。

(4)发现燃气泄漏时，要先关紧阀门，打开门窗，不可触动电器开关和使用明火。

(5)阳台上、楼道内不能烧纸片，燃放烟花爆竹。

(6)吸烟危害健康，学生不要吸烟，躲藏起来吸烟更危险。

(7)使用电灯时，灯泡不要接触或靠近可燃物。

(8)尽可能使用阻燃、难燃产品进行室内装饰装修。

(9)对家中的电器设备、燃气用具等经常查看，尽可能少用临时电线，严禁超负荷用电。

(10)保持楼梯、走道畅通，严禁在楼梯、走道上堆放杂物。

(11)配置必要的家用消防器材，万一发生火灾就能利用消防器材迅速扑灭初起火灾。

二、校园防火

(一)校园常见的火灾类型

1. 生活火灾

学生的生活行为稍有不慎就会造成火灾，如乱扔烟头，点蜡烛等。

2. 电器火灾

由于学生宿舍所设电源插座较少，违章乱拉电线现象严重，不规范的安装操作致使电源短路、负荷增大等引起电器火灾的隐患因素过多。

3. 人为纵火

人为纵火带有目的性，一般多发生在晚间夜深人静之时，有较大的危害性。人为纵火包括刑事犯罪分子纵火、私仇纵火和精神病人纵火。

(二)校园火灾的预防

学校是消防安全重点单位之一，实例说明，学校一旦发生火灾，不但会影响正常的教学、科研秩序，而且还会造成重大的社会影响。正是由于学校的特殊性，校园防火显得尤为重要。根据学校的特点，校园防火的重点部位主要是学生宿舍与学生实验室。因为学生宿舍是学生活动的主要场所之一，人员密度大，书籍、棉被、衣物、蚊帐等易燃物品多，一旦失火，火势蔓延速度快；实验室电器设备多，易燃易爆和化学物品集中，稍有不慎，就会引起火灾或爆炸。

1. 学生宿舍火灾预防

要做好学生宿舍防火工作，每个学生都要树立起防火意识，认识火灾的危害，自觉遵守学校的消防安全管理规定，自觉做到以下预防措施。

第一，不躺在床上吸烟，不乱扔烟头。

躺在床上吸烟，稍有不慎，燃烧的烟灰就会掉在被褥上直接引起火灾，特别是在人疲倦或酒醉之后，躺在床上很容易入睡，往往还没有吸完烟人就睡着了，烟火失去控制掉在被褥等可燃物或者烟头扔在易燃物上，容易引起火灾，造成人身伤亡或财产损失。

第二，不在宿舍内使用电炉、“热得快”、电热设备等大功率电器以及煤气炉、酒精炉、液化气炉等明火。

电茶壶、电炉、“热得快”、电炒锅等都是靠电阻值较大的材料发热来获得热量的，耗电量高(“热得快”功率就有 800～1000 瓦)，如果用不配套的电线连接，就会引起电线发热，橡皮绝缘体软化，超负荷运转就会使绝缘体老化甚至燃烧，从而引起火灾。另外，学生宿舍内可燃物品多，使用煤气炉、酒精炉等，稍有不慎或疏忽就会引起火灾。

第三，不在宿舍内乱拉乱接电源。

电线和插头、插座多重连接，容易导致接触不良或使电流过载。接触不良容易产生电火花，如果遇到可燃物，就会引发失火。更危险的是将电线埋在被褥下面，如果使用的是不合格的电器或老化电线，电线发热造成绝缘层起火，后果更是不堪设想。

第四，不在室内点蜡烛看书。

秉烛夜读，蜡烛一旦倒下或燃尽，就易点燃书本、桌面、蚊帐、被褥等可燃物，从而引发火灾。

第五，不能用纸当灯罩。

纸的燃点是130℃，而一只功率60瓦的白炽灯在一般散热条件下，其表面温度为140~180℃，大大超过纸的燃点，如果用纸当灯罩，灯泡表面温度积累到一定程度，达到纸张的燃点就会引起纸张燃烧，最终引燃周围的易燃物，从而导致火灾。

第六，不在室内燃烧杂物。

被燃物飘飞到床上，或者被燃物未彻底熄灭，人离开室内，都容易引起火灾。

第七，不要将台灯靠近枕头、被褥和蚊帐。

灯头长时间通电发热，容易引燃枕头、被褥和蚊帐，造成火灾。

第八，人走熄灯、关闭电源。

切断室内电源，能有效预防火灾。

第九，不存放易燃易爆物品。

如个别同学顺手带回实验用酒精，藏匿在床铺下待用，稍有不慎，一个烟头就可能造成起火或爆炸。

安全知识

杜绝宿舍内火灾事故的发生要做到十戒

一戒私自乱拉电线，避免电线穿行于可燃物中间；二戒使用大功率电器；三戒使用电热器具；四戒使用电器无人看管，人走电不断；五戒明火照明，电器照明使用可燃物做灯罩；六戒床上吸烟、室内乱扔烟头、乱丢火种；七戒室内燃烧杂物、燃放烟花爆竹；八戒室内存放易燃易爆物品；九戒室内做饭；十戒使用假冒伪劣不合格电器。

2. 实验室的火灾预防

实验室内电器设备如没有定期保养维修，电器部件老化，也会引起火灾，危及学生安全。在实验室和实践实习中，大学生要严格遵守各项安全管理规定、操作规程和有关制度，涉及使用化学危险品时，一定要注意防火安全，按照规定，一丝不苟地在老师的指导下进行实验。具体说来要做到以下几方面的预防火灾工作。

(1)应充分做好实验前的准备，熟悉实验内容，掌握实验步骤。

(2)服从实验老师的指导，严格遵守实验室纪律，禁止在实验室玩耍打闹，防止打破仪器设备酿成火灾。

(3)不在实验室抽烟。实验室易燃易爆物品多，万一这些物品泄漏，抽烟点火时就会引爆，而且烟头的温度很高，其中心温度可达 800℃，如果将烟头扔在化学危险品或可燃气体、液体(如氢气、乙炔等)附近，就极易引起剧烈燃烧和爆炸等严重事故。

(4)严禁摆弄与实验无关的设备和药品，特别是电热设备。

(5)严禁携带任何火种或其他与实验无关的易燃易爆物品进入实验室，减少实验室致灾因素。

(6)不在实验室给手机、电动车充电。

(7)不能在实验室内及附近使用明火。

(8)注意电热器具的正确使用和保管，正在使用的电热器具不准接近可燃物。

(9)严格实验室用电制度，用电及电器安装必须符合国家规定的技术规范。

(10)详细掌握所处实验室内药品的化学特性，严禁将化学性质相抵触的药品混装、混放，实验剩余的药品按规定处理，严禁带走或倒入下水道。

三、公共场所防火

(一)公共场所的含义

公共场所是指人群经常聚集、供公众使用或服务于人民大众的活动场所，是人们生活中不可缺少的组成部分，是反映一个国家、民族物质条件和精神文明的窗口。根据功能的不同，公共场所一般分为宾馆旅店类，公共浴池及理发店类，影剧院舞厅类，体育场馆公园类，展览馆及图书馆类，商场、候诊(车、机)室类，儿童活动中心、学校等几大类。根据本章所涉内容，也可分为两大类。

(1)公众聚集场所：是指宾馆、饭店、商场、集贸市场、客运车站候车室、客运码头候船厅、民用机场航站楼、体育场、会堂，以及其他公共娱乐场所等。

(2)人员密集场所：是指公众聚集场所，如医院的门诊楼、病房楼，学校的教学楼、图书馆、食堂和集体宿舍等。

(二)公共场所的特点

公共场所人员相对集中，且相互接触频繁，流动性大，构成成分复杂多样，没有组织约束体系，人员安全素质不一。一旦发生意外事件，容易引起恐慌，造成群死群伤等恶性事故。

(三)公共场所易发生火灾的原因

(1)危险危害因素广泛，成分复杂，涉及面广。

(2)突发性强，很难以常规手段进行防范。

(3)人员流动性大，安全教育宣传工作难以有效开展。

(4)地处拥挤位置，交通拥挤，给救助工作造成阻碍。

(5)由于以上各种原因，导致重大火灾事故应急预案的制订和演练工作非常滞后。

(四)公共场所防火主要措施

(1)努力学习消防安全知识，掌握预防、扑救火灾的常识，不断提高自防自救能力。

(2)认真遵守执行《中华人民共和国消防法》的消防安全规章制度和公共场所的防火操作规程。

(3)清醒认识公共场所火灾的危险性，时刻提防。

(4)加强对公共场所电气设备、线路的检查和维修保养，及时更换老化线路和陈旧设备。

(5)不得将火种带入生产工作场所，摒弃一切不利于防火的行为。

(6)各个部门要加强消防安全岗位自查，及时整改火灾隐患。

(7)进入公共场所，首先要了解所处场所的基本情况，熟悉防火通道。

(8)及时发现火灾起源，做出准确判断，能及时扑救的要及时扑救，形成蔓延的要立即疏散逃生。

5.3 灭火的方法

一、灭火的基本原理

火的燃烧必须具备三个条件：一是要有可燃物质，如木料、汽油、酒精、书籍、纸张、蚊帐、衣被等物；二是要有助燃物质，如空气等；三是要有一定温度，即能引起可燃物质燃烧的热能(点火源)，如明火、电火花等。以上三个条件必须同时具备并互相作用，燃烧才能发生。我们掌握了物质燃烧的条件，就可以有的放矢地采取措施，有效地制止火灾的发生和减少火灾的损失，不管采用什么方法，只要能破坏一个燃烧条件，火就能熄灭。

二、灭火的基本方法

灭火都是为了破坏已经产生的燃烧条件，只要能去掉一个燃烧条件，火即可熄灭。根据这个基本原理，从灭火实践中，人们总结出了以下几种基本方法。我们只要掌握了这些基本方法，就可以按照客观的实际情况，创造出多种多样具体的、有效的灭火方法来。

(1)隔离法。将着火的地方和物体与其周围的可燃物隔离或移开，燃烧就会因为缺少可燃物而停止。实际运用时，如将靠近火源的可燃、易燃、助燃的物品搬走；把着火的物件移到安全的地方；关闭电源、可燃气体、液体管道阀门，中止和减少可燃物质进入燃烧区域；拆除与燃烧着火物比邻的易燃建筑物等。

(2)窒息法。阻止空气流入燃烧区或用不燃烧的物质冲淡空气，使燃烧物得不到足够的氧气而熄灭。实际运用时，如用湿棉毯、湿麻袋、湿棉被、湿毛巾被、黄沙等不燃或难燃烧物质覆盖在燃烧物上。

(3)冷却法。将灭火剂直接喷射到燃烧物上，以降低燃烧物的温度。当燃烧物的温度降低到该物的燃点以下时，燃烧就停止了。或者将灭火剂喷洒在火源附近的可燃物上，使其温度降低，防止辐射热影响而起火。冷却法是灭火的主要方法，主要用水和二氧化碳来实现。

(4)抑制法。这种方法是用含氟、溴的化学灭火剂(如 1211 灭火器)喷向火焰，让灭火剂参与到燃烧反应中去，使游离基链锁(俗称"燃烧链")反应中断，从而达到灭火的目的。

可根据实际情况，一种或多种方法并用，以达到迅速灭火的目的。

5.4 火场自救及逃生

一、报火警

一旦发生了火灾，除了要及时扑救，还应尽快拨打火警电话，使消防人员和消防车迅速赶到火场，将火扑灭在初起阶段，赢得火势蔓延前最为宝贵的分秒时间，这是有效扑灭起火的重要环节。"报警早，损失少"就是这个道理。所以，打火警电话救火要分秒必争，不但要求快速，而且必须做到正确无误，以免耽误救火时间。

火警电话是专用紧急电话，现在全国统一规定专用的火警电话号码是"119"，正确使用好报警电话十分重要。打火警电话时应注意以下几方面。

(1)打电话时要沉着镇定。

(2)当听到对方报"消防队"时，一定要讲清楚火灾的地点，并尽可能讲清发生火灾的详细位置，具体楼层和部位；烟雾、火光、火势大小等火势情况。

(3)讲完以后不要马上挂机，要注意对方的提问，并把自己所用的电话号码告诉对方，以便取得联系。

(4)当对方讲“消防车来了”，即可将电话挂断，并立即派人在火场入口处必经的交叉路口等候，接引消防车迅速到达火场。

(5)着火后，还应向周围人员报警，争取支援。只有及时、准确报警，消防机关在接到报告后才能迅速、正确地派出所在责任区的消防队，并针对燃烧物的性质，“对症下药”，出动消防车投入灭火战斗。

二、火灾自救的方法

发生火灾时，如果被大火围困，特别是被围困在楼上，要千方百计设法自救。具体说来，火场自救包括以下几方面。

(一)保持镇定，辨明方向，当机立断

每个人对自己工作、学习或居住所在的建筑物的结构及逃生路径应做到了然于心；而当身处陌生环境如酒店、商场、娱乐场所时，为了自身安全，务必留心疏散通道、安全出口以及楼梯方位等，以便在关键时候能尽快逃离火场。

突遇火灾时，首先要保持镇定，千万不能惊慌失措，无序夺路，盲目地跟随人流和相互拥挤、乱冲乱撞。撤离时要注意朝明亮处、室外空旷处、楼层下面跑，若通道已被烟火封阻，则应背向烟火方向离开，通过阳台、窗户等通往室外的出口逃生。

当发生火灾时，用浸湿的棉被、毯子等披在身上，从火中冲出去时一定要当机立断，切不可犹豫不决，以免火势越烧越大，错过逃生时机。

(二) 沾湿毛巾，捂住口鼻，匍匐撤离

从火场逃生时，如果被困地点周围烟雾很大，这比火本身更为可怕。因为烟雾中含有大量的有毒有害气体，如果不加防备，就会被有毒有害烟气熏倒，这往往是火灾事故中致死最主要的因素。如果一定要冲出烟雾区，必须用湿毛巾或口罩等捂住口鼻，尽可能地猫腰贴地匍匐撤离，这样才能减少烟气的吸入量，以防止烟雾中毒而窒息倒下。另外，情急之下也可以向头部、身上浇些冷水或用湿毛巾、湿棉被、湿毯子等将头、身裹好后再冲出去。

(三)不入险地，不贪财物

在火场中生命最重要，不要因羞于见人或顾及贵重物品，把宝贵的逃生时间浪费在穿衣服或寻找、搬运贵重物品上。已经逃离火场的人，千万不要顾恋其他东西，重返火场险地。

(四)善用通道，勿乘电梯

规范标准的建筑物，都会有两条以上的逃生楼梯、通道或安全出口。发生火灾时，要

根据情况选择进入相对较为安全的楼梯、通道。如果多层建筑物着火，楼梯已被烧断，或者火势已相当猛烈时，可利用建筑物的阳台、窗台、屋顶等攀到周围的安全地带，沿着下水管、避雷线等建筑上的凸出物或其他接地牢固的物件逃生，滑下脱险。千万要记住，遭遇高层建筑火灾时，如果不是消防专用电梯，绝对不能乘电梯逃生。因为这时的电梯电源随时有可能被切断，并且电梯通道往往在发生火灾时首先成为烟雾的袭击部位而成为烟道。如果建筑物有避难房、疏散楼梯的，可以先躲进避难房或由疏散楼梯撤至安全地方。

(五)淋湿门窗，固守待援

假如处在较高楼层，且又无法采取跳楼逃生的办法时，用手摸房门时已感到烫手，一旦开门，火焰与浓烟势必迎面扑来。此时，首先应关紧通向火区的门窗，如有条件，尽可能用湿毛巾、湿布等塞住门缝，或用水浸湿棉被，蒙上门窗，然后不停地用水淋透房间和门窗，防止烟火渗入，缓解火势蔓延，固守房间，打开背火的门窗。这时，要采取一切办法(如可用打电话、抛物件等办法)，向楼下的人发出求救信号，以赢得救援的机会。

(六)火已及身，切勿惊跑

火场上如果发现身上着了火，惊跑和用手拍打只会形成风势，加速氧气补充，促旺着火势头。正确的做法是立刻设法脱掉衣服或就地打滚，压灭火苗。能及时跳进水中或让人向身上浇水更有效。

(七)传送信号，寻求救助

被烟火围困时，尽量待在阳台、窗口等易于被人发现和能避免烟火近身的地方。在白天，可向窗外晃动鲜艳的衣物等；在晚上，可用手电筒不停地在窗口闪动或敲击东西，及时发出有效求救信号。在被烟气窒息失去自救能力时，应努力滚到墙边或门边，这样既便于消防人员寻找、营救，也可防止房屋烧坏塌落时砸伤身体。

(八)自制绳索，滑绳自救；缓跳逃生，保全性命

高层、多层建筑发生火灾后，如生命受到威胁，又无逃生之路时，可迅速利用身边的绳索或将床单、窗帘、衣服等撕成条状连接起来，自制简易救生绳，并用水打湿后一端拴在固定物件上，从窗台或阳台沿绳滑到下面的楼层或地面逃生。不到万不得已不要跳楼逃生，如果是最后唯一的选择，决定跳楼出逃时，也要跳在消防队员准备好的救生气垫上，或选择有水池、软雨篷、草地等易着陆的地方。如有可能，要尽量先往地下抛出一些衣物、棉被、沙发垫等松软物品，然后手扶窗台往下滑，以缩小跳落高度，或打开大雨伞跳下，增加缓冲，并尽力保持双脚着地，尽可能地保全性命。跳楼虽可求生，但会对身体造成一定的伤害，所以要慎之又慎。

三、火场人员的安全疏散

火灾救援时首先要掌握三个原则：①救人第一和集中人力于火场主要方面；②先控制火势，再消灭火灾；③先重点，后一般。具体包括以下几方面。

(一)火场危险，积极抢救

发生火灾时，在场人员有烟气中毒、窒息以及被热辐射、热气流烧伤的危险。因此，发生火灾后，消防人员首先要了解火场有无被困遇险的人员，其次要了解被困遇险地点和抢救的通道，以便指挥人员采取稳妥可靠的措施，积极组织抢救和引导疏散。

(二)保持镇定，有序疏散

发生火灾，组织指挥人员应保持镇定，立即通过广播、警铃等音响设备以及喊话方式，向火灾建筑物内的人员发出警报。通过宣传稳定人员情绪，告知最佳疏散路线、疏散方法及疏散中必须注意的事项；同时按照分工，组织熟悉情况的有关人员维护现场秩序，进行有序疏散。

(三)做好防护，引导撤离

疏散时，如人员较多或能见度差时，应在熟悉疏散通道的人员的带领下，有秩序地撤离起火点；带领人用“跟着我”的喊话或前后扯着衣襟的方法，将人员撤至室外或安全地点；在被浓烟所围困时，有条件的，可用湿毛巾等堵住嘴、鼻，或用短呼吸法，或用鼻子呼吸等，迅速撤出浓雾区；由于烟雾一般是向上流动的，地面烟雾相对来说比较稀薄，因此可采用低姿行走或匍匐穿过的方法进行移动。

(四)房屋着火，快速疏散

楼房的下层着火时，组织楼上的人疏散。若楼梯间只是充满烟雾，可采取低姿手扶栏杆迅速而下；若楼梯已被烟火封住，则可向身上淋水或用湿被褥裹身从烟火中冲过去；若楼梯已被烧断、通道被堵死时，要求被困人员通过阳台、落水管等处或用绳子疏散，高层建筑着火，烟雾弥漫走道或楼梯间时，要及时排烟，并尽可能引导从远离着火区的疏散楼梯疏散。

四、常用灭火器的种类和使用方法

(一)常用灭火器的种类

灭火器具是一种有效灭火的轻便灭火备用工具，它可以用于扑救初起火灾，控制火势蔓延。但是，如果使用不当则不但起不到灭火作用，还会给人们带来麻烦。因此，了解周围备置的一些灭火器材的使用方法和注意事项是很有益处的。

不同种类的灭火器，适用于不同物质的火灾，其结构和使用方法也各不相同。灭火器的种类较多，按所充装的灭火剂可分为干粉灭火器、二氧化碳灭火器、泡沫灭火器、1211灭火器、酸碱灭火器、四氯化碳灭火器、清水灭火器等。

1. 干粉灭火器

干粉灭火器是以液态二氧化碳或氮气作为动力，驱使灭火器内干粉灭火剂喷出进行灭火，常见的有BC和ABC两类。BC类干粉灭火器适用于扑救B、C类火灾(易燃可燃液体和带电电气设备的火灾)。ABC类干粉灭火器适用于扑救A、B、C类火灾(固体可燃材料、易燃可燃液体和带电电气设备的火灾)。这种灭火器适用于扑救石、电及可燃气体的初起火灾，不能扑救轻金属燃烧的火灾。

2. 二氧化碳灭火器

二氧化碳灭火器是以高压气瓶内储存的二氧化碳气体作为灭火剂进行灭火，二氧化碳灭火后不留痕迹，适用于扑救B、C类火灾。适用于扑救贵重仪器设备、档案资料、仪器仪表、计算机等，它的绝缘性使其同样适宜于扑救带电的低压电器设备(600伏以下)和油类火灾。但不可用它扑救钾、钠、镁、铝等轻金属物质的火灾。

3. 泡沫灭火器

泡沫灭火器的主要成分是化学泡沫。泡沫能覆盖在燃烧物的表面，防止空气进入。一般能扑救A、B类火灾，最适用于扑救汽油、煤油等易燃液体火灾，但不宜用于扑救水溶性可燃、易燃液体的火灾(如醇、酯、醚、酮等物质)和电器火灾。当电器发生火灾，电源被切断后，才可以用泡沫灭火器进行扑救。

4. 1211灭火器

1211灭火器是一种高效通用型灭火器，对油类，电气，忌水、忌酸物品的初起火灾都适用。其灭火原理是抑制燃烧的连锁反应，绝缘性能好，灭火时不污染物品，灭火后不留痕迹，特别适用于扑救精密仪器、电子设备、文物档案资料火灾。但有一个缺点，就是对大气中的臭氧层具有破坏性，所以，国际公约规定限期淘汰使用。

5. 酸碱灭火器

酸碱灭火器与泡沫灭火器的结构、使用、注意事项基本相同。这种灭火器适用于A类初起火灾(如竹、木、棉、毛、草、绢等)，不宜用于油脂类，忌水、忌酸物质及电气设备的火灾。

6. 四氯化碳灭火器

四氯化碳灭火器使用时只要开启开关，四氯化碳即从喷嘴喷出。这种灭火器常用于扑救高压电和精密设备的火灾，对于易燃物质、易爆炸物等的初起火灾也有很好的灭火效果。由于四氯化碳有毒，使用时应特别注意防毒。

7. 清水灭火器

清水灭火器是一种既经济又轻便的灭火器材。北京故宫陈列的大缸，里面盛着水。这是清水灭火器的雏形。现代清水灭火器就是从古老水缸发展而来的，不同之处在于它不但结构轻巧，便于使用，而且增加了驱动装置，使水能够自动喷射。清水灭火器与酸碱灭火器的灭火原理相同，都是 A 类灭火器。但是，酸碱灭火器要使用化工原料，具有腐蚀作用，而清水灭火器无腐蚀作用。清水灭火器具有既经济又无腐蚀作用等优点，在国外广为使用。我国目前虽然还在生产酸碱灭火器，但在今后会逐步用清水灭火器来取代。特别是当前有的厂家已研制出环保通用型的强化水系灭火器，这是一种前景被十分看好的新型灭火器品种，有可能成为 1211 灭火器的替代品种，其使用原理与 1211 灭火器相同。

此外还有卤代烷灭火器、碳酸氢钠干粉灭火器、磷酸铵盐干粉灭火器等多种灭火器类型。

(二)常用灭火器的使用方法

1. 干粉灭火器的使用方法

使用干粉灭火器时，可手提或肩扛灭火器快速奔赴现场，在距燃烧处 5 米左右的地方(室外灭火应选择在上风方向)，放下灭火器，拔下灭火器开启压把上的保险销，然后一只手握住喷射管前端，对准燃烧点根部，另一只手将开启压把压下，拉动拉环或紧压手把阀，干粉即可喷出进行灭火。

2. 二氧化碳灭火器的使用方法

使用二氧化碳灭火器时，先旋下或拔去保险插销，一只手握住喇叭筒根部的手柄，另一只手紧握启闭阀的压把，气体即从喷嘴射出。对没有喷射软管的二氧化碳灭火器，应把喇叭筒往上扳 70°～90°。使用时，不能直接用手抓住喇叭筒外壁或金属连接管，身体不要接近喷嘴处，以避免冻僵手臂和身体。在室外使用时，注意切勿逆风使用，应选择站在上风处喷射；在室内窄小空间使用时，灭火后操作者应迅速离开，以防窒息。

3. 泡沫灭火器的使用方法

使用泡沫灭火器时，只需要把筒身颠倒，也有产品需把扳手拉起或旋松手轮，将泡沫药液喷射到燃烧物上即可起到灭火的效果。在火场时可手提灭火器上部的提环，迅速奔赴火场(注意不得使灭火器过分倾斜，更不能横拿或颠倒)，当距离燃烧点 10 米左右时，将灭火器颠倒，一只手紧握提环，另一只手扶住灭火器底圈，对准燃烧点，由近至远进行喷射。使用时应注意不要把筒盖或筒底对着人体，以防万一爆炸伤人，运输时筒身不宜过度倾斜。

4.1211 灭火器的使用方法

使用1211灭火器时，要首先拔掉保险销，然后握紧压把开关，即有1211灭火药剂液喷出。使用时灭火筒身要垂直，不可平放和颠倒使用。1211灭火器的射程较近，喷射时要站在上风处，接近着火点，对着火源根部扫射，向前推进，要注意防止复燃。

5. 室内消火栓的使用方法

使用室内消火栓灭火时，打开消火栓箱门，延伸水带，将水带的一端与水枪连接，另一端接口与消火栓接口连接(如室内消火栓箱内或旁边装有消防泵按钮的，应按压消防泵按钮)，再按逆时针方向旋转消火栓手轮，然后对准火点进行喷水灭火。

安全知识

火灾的六种类型

按照火灾的燃烧物质及特性，火灾可分为A、B、C、D、E、F五个类别。不同类型的火灾应该选择不同类型的灭火器，才能达到最有效的防火灭火效果，从而把火灾损失控制到最小的范围。具体如下。

A类火灾：指固体物质火灾。这种物质通常具有有机物质性质，一般在燃烧时能产生灼热的余烬。如木材、干草、煤炭、棉、毛、麻、纸张、塑料(燃烧后有灰烬)等火灾。A类火灾场所应选择清水灭火器、磷酸铵盐干粉灭火器、泡沫灭火器或卤代烷灭火器。

B类火灾：指液体或可熔化的固体物质火灾。如煤油、柴油、原油、甲醇、乙醇、沥青、石蜡等火灾。B类火灾场所应选择泡沫灭火器、碳酸氢钠干粉灭火器、磷酸铵盐干粉灭火器、二氧化碳灭火器。

C类火灾：指气体火灾。如煤气、天然气、甲烷、乙烷、丙烷、氢气等火灾。C类火灾场所应选择磷酸铵盐干粉灭火器、碳酸氢钠干粉灭火器、二氧化碳灭火器或卤代烷灭火器。

D类火灾：指金属火灾。如钾、钠、镁、钛、锆、锂、铝镁合金、烷基类金属火灾等。D类火灾场所应选择粉状石墨灭火器和用来扑灭金属火灾的专用干粉灭火器。

E类火灾：指带电火灾。物体带电燃烧的火灾，可用二氧化碳、干粉、卤代烷灭火器(禁止用水)，灭火时应先断电或与带电体保持安全距离。

F类火灾：指烹饪器具内的烹饪物(如动植物油脂)火灾。可用泡沫灭火器进行灭火。

知识汇总

1. 家庭防火的措施

(1)点燃的蜡烛、蚊香应放在专用的架台上，不能靠近窗帘、蚊帐等可燃物品。

(2)到床底、阁楼处找东西时，不要用油灯、蜡烛、打火机等明火照明。

(3)不能乱拉电线，随意拆卸电器，用完电器要及时拔掉插销。

(4)发现燃气泄漏时，要先关紧阀门，打开门窗，不可触动电器开关和使用明火。

(5)阳台上、楼道内不能烧纸片，燃放烟花爆竹。

(6)吸烟危害健康，学生不要吸烟，躲藏起来吸烟更危险。

(7)使用电灯时，灯泡不要接触或靠近可燃物。

(8)尽可能使用阻燃、难燃产品进行室内装饰装修。

(9)对家中的电器设备、燃气用具等经常查看，尽可能少用临时电线，严禁超负荷用电。

(10)保持楼梯、走道畅通，严禁在楼梯、走道上堆放杂物。

(11)配置必要的家用消防器材，万一发生火灾就能利用消防器材迅速扑灭初起火灾。

2. 学生宿舍火灾预防措施

(1)不躺在床上吸烟，不乱扔烟头。

(2)不在宿舍内使用电炉、“热得快”等大功率电器，以及煤气炉、酒精炉、液化气炉等明火。

(3)不在宿舍内乱拉乱接电源。

(4)不在室内点蜡烛看书。

(5)不能用纸当灯罩。

(6)不在室内燃烧杂物。

(7)不要将台灯靠近枕头、被褥和蚊帐。

(8)人走熄灯、关闭电源。

(9)不存放易燃易爆物品。

3. 实验室的火灾预防

(1)应充分做好实验前的准备，熟悉实验内容，掌握实验步骤。

(2)服从实验老师的指导，严格遵守实验室纪律，禁止在实验室玩耍打闹，防止打破仪器设备酿成火灾。

(3)不在实验室抽烟。实验室易燃易爆物品多，万一这些物品泄漏，抽烟点火时就会引爆，而且烟头的温度很高，其中心温度可达 800℃，如果将烟头扔在化学危险品或可燃气体、液体(如氢气、乙炔等)附近，就极易引起剧烈燃烧和爆炸等严重事故。

(4)严禁摆弄与实验无关的设备和药品，特别是电热设备。

(5)严禁携带任何火种或其他与实验无关的易燃易爆物品进入实验室，减少实验室致灾因素。

(6)不在实验室给手机、电动车充电。

(7)不在实验室内及附近使用明火。

(8)注意电热器具的正确使用和保管，正在使用的电热器具不准接近可燃物。

(9)严格实验室用电制度，用电及电器安装必须符合国家规定的技术规范。

(10)详细掌握所处实验室内药品的化学特性，严禁将化学性质相抵触的药品混装、混放，实验剩余的药品按规定处理，严禁带走或倒入下水道。

4. 公共场所防火主要措施

(1)努力学习消防安全知识，掌握预防、扑救火灾的常识，不断提高自防自救的能力。

(2)认真遵守执行《中华人民共和国消防法》的消防安全规章制度和公共场所的防火操作规程。

(3)清醒认识公共场所火灾的危险性，时刻提防。

(4)加强对公共场所电气设备、线路的检查和维修保养，及时更换老化线路和陈旧设备。

(5)不得将火种带入生产工作场所，摒弃一切不利于防火的行为。

(6)各个部门要加强消防安全岗位自查，及时整改火灾隐患。

(7)进入公共场所，先要了解所处场所的基本情况，熟悉防火通道。

(8)及时发现火灾起源，做出准确判断，能及时扑救的要及时扑救，形成蔓延的要立即疏散逃生。

5. 灭火的基本方法

(1)隔离法。

(2)窒息法。

(3)冷却法。

(4)抑制法。

6. 火灾自救的方法

(1)保持镇定，辨明方向，当机立断。

(2)沾湿毛巾，捂住口鼻，匍匐撤离。

(3)不入险地，不贪财物。

(4)善用通道，勿乘电梯。

(5)淋湿门窗，固守待援。

(6)火已及身，切勿惊跑。

(7)传送信号，寻求救助。

(8)自制绳索，滑绳自救；缓跳逃生，保全性命。

专题六
网络安全

6.1　大学生与网络安全

6.2　预防网络犯罪

6.3　健康合理上网

当今，网络已成为人们生活不可分割的一部分，但网络也引发了一系列问题，网络安全事件频频发生，网络安全已越来越受到社会的关注，成为人们生活中不可忽视的重要问题。青年学生对网络需求较大，对网络安全相关的问题却认识不深，容易受伤害。因此大学生应该正确认识网络安全的重要意义，了解网络可能对人造成的伤害，切实从自身做起，预防网络安全问题的发生，健康合理地上网。

6.1 大学生与网络安全

案例点击

女大学生文某，平时喜欢上网，也有许多网友，大家都聊得挺好。渐渐地，她发现自己和其中一个男孩聊得特别投机。经不住好奇心驱使，和那男孩见了面，风流倜傥的他让文某更加动心，她深深地爱上了那个男孩。接下来的日子，她只要有时间便和他在网上或见面交流，从此网恋就变成了现实中的恋爱。经过一段时间的相处，文某发现男孩有许多像她这样从网上骗来的女朋友。原来男孩一直在欺骗她，这就如晴天霹雳，文某心里接受不了这样的事实，没有心思做任何事情，甚至割腕自杀。网络是虚拟的，它可以让人们随意幻想，不受现实的约束，往往让人沉溺其中，在幻想与现实之间产生矛盾和困惑，过度的幻想也会使人产生病态心理。

【专家点评】

互联网特有的便捷性、隐蔽性等优势让大学生很快地接受了这一交友方式，网恋甚至在某种程度上成了一种时尚活动。

一、影响网络安全的主要因素

网络安全应当包括两大方面。一方面，网络应当为人们所适当地、安全地使用，而不能对使用者的身心产生不良后果或负面影响，尤其是不能让人们沉溺于网络而无法自拔甚至由此产生精神病态。另一方面，人们之间通过网络的交往所发生的一切行为都应当是合法的、善意的，必须禁止人们把互联网作为进行违法犯罪活动的工具、手段或者载体。

(一)黑客

“黑客”是指那些专门盗窃他人账户信息、攻击他人终端信息系统的人。随着网络日益深入人们的生活，“黑客”被越来越多的人知道，它的名声也越来越不好。“黑客”横行在网络世界里，许多国家已经致力于打击“黑客”的违法犯罪行为。

(二)病毒

“病毒”是生物学领域的术语，是指能够自我繁衍并传染的，使人或动物致病的一种微生物。人们借用它来形容计算机信息系统中能够自我复制并破坏计算机信息系统的恶性软件。

计算机病毒实质上是一段可执行程序，它具有广泛的传染性、潜伏性、破坏性、可触发性、针对性和衍生性、传染速度快等特点。早期的计算机病毒多是良性的，偏重于表现自我而不进行破坏；后来的恶性计算机病毒则大肆破坏计算机软件，甚至破坏硬件，最终导致计算机信息系统和网络系统瘫痪，给人们造成各种损失。计算机病毒可被预先编制在程序里，也可通过软件、网络或者无线发射的方式传播。

在我国，故意制作、传播计算机病毒等破坏性程序是违法犯罪行为，要受到法律的制裁。

二、网络安全现状

由于我国在互联网应用方面起步较晚，加之众多网民的网络安全意识缺乏，当前的网络安全状况令人担忧。就高校大学生而言，主要表现在以下三方面。

6-1 网络安全现状

(一)部分大学生网民沉溺于网络并因此引发了诸多不良后果

在网民的构成中，大学生占有相当的比例。大学生思想活跃，对新事物敏感，但是大多数大学生，其心理方面发育还远未成熟，他们的辨别能力，尤其是自我控制能力不够，经不起诱惑，对自己的行为有时不能很好地加以约束。他们在网上的大部分时间并非用于学习，而是长时间玩游戏、聊天或者浏览不健康的网站，且相当投入。有的大学生在网吧连续上网，甚至连续几个通宵，实在累了，就在网吧里睡觉。部分大学生因沉溺于网络，导致厌学、旷课、成绩下降、同学交往减少、同学关系紧张等不良后果，有的最终因旷课导致较多课程成绩不合格而退学。

(二)部分大学生进行网恋

有的大学生上网就是为了聊天和结识异性朋友，进而发展成所谓的网恋。网络有虚拟性的特点，一方面，通过网络交流的双方，不一定要用自己的真实身份，因此交流当中可以说心里话，可以更真实地面对他人；另一方面，因为面对着陌生人，总把对方想象得很好，特别是对异性，在感情上容易接受对方，导致被骗。

(三)一些不法分子在互联网上直接实施违法犯罪活动

大学生是一个紧随时代潮流的群体，各种各样的新技术、新成果在大学生群体中普及最快，网络是大学生在大学生活中的必备品。大学生对网络的熟知及了解，容易使这一群体接触到网络犯罪的方法。常见的网络犯罪形式有：利用计算机网络建立淫秽网站，传播淫秽信息；用计算机网络进行网上欺诈交易；利用计算机网络进行盗窃等侵害他人财产的犯罪等。

三、有关网络安全的法律规定

(1)遵守《中华人民共和国网络安全法》等相关法律法规。

(2)任何组织或者个人，不得利用计算机信息系统从事危害国家利益、集体利益和公民合法利益的活动，不得危害计算机信息系统的安全。

(3)计算机信息网络直接进行国际联网，必须使用邮电部国家公用电信网提供的国际出入口信道，任何单位和个人不得自行建立或者使用其他信道进行国际联网。

(4)从事国际联网业务的单位和个人，应当遵守国家有关法律、行政法规，严格执行安全保密制度，不得利用国际联网从事危害国家安全、泄露国家秘密等违法犯罪活动，不得制作、查阅、复制和传播妨碍社会治安的信息和淫秽色情等信息。

(5)任何组织或个人，不得利用计算机国际互联网从事危害国家安全、泄露国家秘密等犯罪活动；不得利用计算机国际互联网查阅、复制、制造和传播危害国家安全、妨碍社会治安和淫秽色情的信息。发现上述违法犯罪行为和有害信息，应及时向有关主管机关报告。

(6)任何组织或个人，不得利用计算机国际互联网从事危害他人信息系统和网络安全、侵犯他人合法权益的活动。

(7)国际互联网用户应当服从接入单位的管理，遵守用户守则；不得擅自进入未经许可的计算机系统，篡改他人信息；不得在网络上散发恶意信息，冒用他人名义发出信息，侵犯他人隐私；不得制造、传播计算机病毒及从事其他侵犯网络和他人合法权益的活动。

(8)任何单位和个人发现计算机信息系统泄密后，应及时采取补救措施，并按有关规定及时向上级报告。

四、安全使用网络

(一)做遵纪守法的网民

(1)每个大学生都必须认识到，利用计算机进行的违法犯罪活动是严重危害社会的行为，是法律禁止的行为，是不道德的，是非常可耻的，会受到法律的严厉制裁。

(2)大学生要讲究社会公德和IT职业道德，要用掌握的计算机知识技术服务社会、造福社会，不要滥用智商和青春从事危害国家利益、集体利益和其他公民合法利益的活动，不要以任何目的危害计算机信息系统安全。

(3)尊重他人的知识产权和通信自由，不要进行网上侵权活动。

(4)要尊重公民的个人隐私权，不要电子骚扰或网络骚扰。

(5)禁止利用互联网查阅、复制、制作和传播宣扬封建迷信、淫秽色情、赌博、暴力、凶杀、恐怖、教唆犯罪的信息。

(6)要做诚实的互联网用户，不要制作、传播谣言、虚假信息或搞恶作剧愚弄别人，扰乱社会秩序。

(7)要珍惜匿名权，文明上网，不要因为以虚拟人的身份进入虚拟社会就肆意妄为，无法无天、胡言乱语。

(8)要慎独慎行，不要因为独自操纵一台计算机就放松遵纪守法意识，无视社会公德，降低个人道德水平。

(二)要增强自控能力

随着时代的发展，网络世界会越来越五彩缤纷，在互联网上的信息也将会更全面、更丰富，人们的日常生活与网络之间的联系也将越来越紧密。在这种趋势下，当代大学生网民要提高自我控制能力，切不可沉迷于网络中。在网络中的“虚拟社会”毕竟是虚幻的，千万不可沉迷，尤其对于所谓的“网恋”切不可过分追求而沉溺其中。对于在网络中存在的一些不健康，甚至是非法出版物提供的信息，要提高辨别能力，认清其本质，进行坚决抵制。

(三)为预防违法犯罪行为的发生，要加强自我防范

在使用网络的过程中，不要随意下载一些不知名的且自己又不甚了解的或者非法的软件。这类软件有可能会通过下载程序而使下载者的信息(如账号与密码、卡号与密码)泄露出去，然后被犯罪分子修改密码后窃走使用。

对网友的盛情邀请，要提高警惕，尽量回绝，以免上当。由于上网的隐蔽性，网民在网络上还可以进行虚假包装。因而，我们在网上所面对的网友，可能是一个彻头彻尾的虚假人物。他们有的人会利用特定的身份，使用甜言蜜语，并抛出各种诱惑，诱使用户在网上与其交往，在交往一段时间后，便会露出其狰狞的面目，进而实施诈骗、敲诈甚至是抢劫等严重的刑事犯罪活动。

(四)防止“黑客”攻击

(1)要使用正版防病毒软件并且定期将其升级更新，这样可以防“黑客”程序侵入用户

的计算机系统。

(2)安装防火墙软件，监视数据流动，要尽量选用最先进的防火墙软件。

(3)不要按常规思维设置网络密码，要使用由数字、字母和汉字混排而成、令“黑客”难以破译的口令密码。另外，要经常性地变换自己的口令密码。

(4)对不同的网站和程序，要使用不同的口令密码，不要图省事使用统一密码，以防止被“黑客”破译后产生“多米诺骨牌”效应。

(5)对来路不明的电子邮件或亲友电子邮件的附件或邮件列表要保持警惕，不要一收到就马上打开，要先用杀病毒软件查杀，确定无病毒和“黑客”程序后再打开。

(6)要尽量使用最新版本的互联网浏览器软件、电子邮件软件和其他相关软件。

(7)下载软件要到声誉好的专业网站，这样既安全又能保证较快速度，不要去资质不清楚的网站下载。

(8)不要轻易给别人自己的电子身份资料，不要允许电子商务企业随意储存自己的信用卡资料。

6.2 预防网络犯罪

案例点击

2016 年某月某日，某市最大的色情网站网络涉黄案在该市人民法院进行了公开审理，案犯中除了 3 名是“80 后”外，其余 5 名均为“90 后”。据法庭后来公布的消息证实，涉案犯罪嫌疑人平均年龄 24 岁，最大的 32 岁，最小的 18 岁，多名案犯曾是大学的高才生。

【专家点评】

大学生在上网时要时刻保持清醒的头脑，警惕各种形式的网络犯罪，不要受一些非法言论的蛊惑；要慎独，即使在虚拟的空间也要遵守道德规范、文明上网。

网络犹如一把“双刃剑”，它的迅速发展，在为人类社会提供现代高质量生活的同时，也带来了网络犯罪的问题。近年来，以计算机网络为载体的犯罪案件日益增多，并成为当前犯罪的新增长趋向。那么，我们大学生应如何预防网络犯罪呢？

一、网络犯罪的特征

网络犯罪是指利用网络或网络技术进行的各种违法犯罪行为，它既包括对网络实施的违法犯罪，如非法入侵和破坏信息网络系统等；也包括利用网络的犯罪，如利用网络进行盗窃、诈骗等。前者系纯粹意义上的网络犯罪，又称狭义的网络犯罪；后者系利用网络来实施的传统犯罪，可称为与网络相关的犯罪，又称广义的网络犯罪。同传统的犯罪相比，网络犯罪有以下特征。

6-2　常见的网络危害

(1)犯罪主体的高智能性。网络犯罪主体的智能化是其区别于传统犯罪的一个最显著的特征。网络系统都很注重网络安全问题，为网络提供了严密的安全防范措施，要破解安全系统侵入计算机，必须具有较高的专业水平。因此，实施网络犯罪行为的人往往智商较高，很多都是计算机、网络高手。

(2)犯罪手段的隐蔽性。网络是个“虚拟世界”，绝大多数上网者都是以匿名方式进行网络活动的，这给网络犯罪提供了极为便利的条件。主要表现在：利用计算机信息技术犯罪不受时间、地点限制，没有特定的现场和客观表现形态，作案时间长则几分钟，短则几秒，因此不易被发现。

(3)严重的社会危害性。随着计算机技术的不断发展，从国防、电力到银行、通信都已实现数字化、网络化、信息化、无纸化，使人们的日常工作、生活对网络的依赖程度越来越高，因此网络犯罪所造成的后果也越来越严重，对社会的危害性也越来越大。

(4)突破传统时空的广域性。网络最突出的特性就是打破了传统的地区、国家的界限，使信息传递范围大为拓宽，也正是这一没有传统地域疆界的“虚拟世界”，为网络犯罪的实施提供了广阔的空间。

二、网络犯罪的类型

以《中华人民共和国刑法》第二百八十五条、第二百八十六条、第二百八十七条的规定以及 2000 年 12 月全国人大常委会通过的《关于维护互联网安全的决定》为依据，本书将网络犯罪分为以下两类。

(1)针对计算机网络系统实施的犯罪。这包括非法侵入计算机系统的犯罪和破坏计算机信息系统的犯罪。

第二百八十五条第一款　违反国家规定，侵入国家事务、国防建设、尖端科学技术领域的计算机信息系统的，处三年以下有期徒刑或者拘役。

第二百八十六条　违反国家规定，对计算机信息系统功能进行删除、修改、增加、干扰，造成计算机信息系统不能正常运行，后果严重的，处五年以下有期徒刑或者拘役；后果特别严重的，处五年以上有期徒刑。

违反国家规定，对计算机信息系统中存储、处理或者传输的数据和应用程序进行删除、修改、增加的操作，后果严重的，依照前款的规定处罚。

故意制作、传播计算机病毒等破坏性程序，影响计算机系统正常运行，后果严重的，依照第一款的规定处罚。

(2)利用计算机网络实施的其他犯罪行为。这包括利用计算机网络实施的盗窃罪、诈骗罪、赌博罪、贪污或挪用公款罪、侵犯知识产权罪、泄露国家秘密或军事秘密罪、传播淫秽物品罪、偷逃税罪、侵犯通信自由罪、侮辱诽谤罪等。

第二百八十七条 利用计算机实施金融诈骗、盗窃、贪污、挪用公款、窃取国家秘密或者其他犯罪的，依照本法有关规定定罪处罚。

上述犯罪只是利用计算机网络实施的一部分常见的传统犯罪，实际上，除了像抢劫罪、强奸罪、纵火罪等少数无法通过网络实施的犯罪之外，几乎所有的犯罪都可以通过网络来实施。随着网络的不断发展，采用网络形式实施的犯罪类型也将大大增加。

三、大学生网络犯罪的主要表现形式

网络的迅速普及和高校校园网建设的日益完善，使网络时代所构筑的新的社会生活方式对大学生的思想和行为产生了巨大的影响。由于大学生的文化层次及他们所掌握的计算机和网络技术水平都相对较高，决定了他们网络社会主力军的地位，主导着网络文化的潮流。但是，由于互联网的虚拟特性，传统的法律、道德规范在网络中几乎无法发生作用，而适应网络空间的新规则尚未完善，部分大学生在思想上形成网络是个“无规则、无道德空间”的错觉，更有甚者还在网络的各种诱因下走上了犯罪的道路。当前，大学生利用网络技术实施的犯罪行为主要可以概括为以下几种形式。

(1)制造、传播计算机病毒或实施“黑客”行为，危害网络安全。计算机病毒具有潜伏性、隐蔽性、可激发性的特点，更具传染性，通过网络可以不特定地传播，对计算机信息网络危害巨大，轻则数据丢失，重则造成计算机系统瘫痪，甚至造成区域性信息系统瘫痪。如美国康奈尔大学研究生莫里斯通过美国最大的计算机网络系统，将自己设计的病毒程序输入五角大楼远景规划网络，结果导致美国军事基地和国家航天航空局6000多台计算机全部瘫痪，造成直接经济损失近1亿美元，这就是震惊世界的“蠕虫病毒”事件。

(2)利用网络窃取账号、信用卡等资料，侵害公私财产。网络自身存在的缺陷和漏洞，为网络犯罪提供了可乘之机。有的大学生利用网络窃取他人的信用卡资料、上网账号供自己进行网上购物等个人消费活动；有的大学生利用网络窃取游戏账号、股票资金账号及密码等，对账户上的积分、资金进行消费或转移，对股票低抛高

6-3 如何设置安全密码

购，无视给他人造成的经济损失。

案例点击

2015年5月29日20时许，西安某高校的小贾在学生宿舍内，通过个人电脑控制了该校的电脑网络服务器并对陕西省地震局网站进行攻击，破解了该网站的用户名和密码，侵入信息发布页面。20时53分，小贾怀着恶作剧的心态发布了一条自己编造的信息："今晚23时30分陕西等地有强烈地震发生。"该信息发布后，不断有群众向陕西省地震局打电话询问此事。小贾的行为严重扰乱了社会秩序，造成了社会恐慌。6月4日，小贾被警方抓捕归案，西安市雁塔区检察院以编造、故意传播虚假恐怖信息罪提起公诉。8月29日上午，雁塔区法院公开审理此案。小贾因编造、故意传播虚假信息罪，一审被判处有期徒刑一年零六个月。

【专家点评】

在案例中，小贾为了"找乐子"，利用黑客技术攻击政府部门网站并发布虚假信息，造成了社会恐慌，触犯了刑法，受到了法律的惩处。

(3)利用网络实施诈骗、勒索等犯罪活动。网络诈骗是网络犯罪中最为常见的一种，大学生实施诈骗犯罪主要利用网络信息传播快、散布广、匿名性等特点，通过网络交易，如发布虚假信息、开设网店等方式诈骗他人钱财；而网络敲诈主要是利用掌握他人信息资料或隐私要挟当事人，以实现其勒索钱财的目的。

(4)利用网络制作、复制、传播、贩卖色情淫秽物品。此类大学生网络犯罪近年来呈增长趋势。

(5)利用网络侮辱、诽谤、妨害他人名誉。网络的快捷使得对他人的信息资料的收集和利用越来越方便，在网络上发表不实言论，侵犯他人合法权益，妨害他人名誉的行为时有发生。

(6)利用网络散布反动言论，危害国家安全。大学生思想活跃，富有朝气，但世界观、人生观和价值观尚未完全成熟，对网络信息的判断能力较弱，易受某些反动政治观点的影响，对一些敏感、新奇的话题通过转帖、讨论等方式，在不经意间成为反动言论的传播者。有的大学生不能正确看待社会发展中存在的一些矛盾及问题，对社会、学校或他人产生不满情绪，在网上进行反动宣传活动。此外，还有极少数学生由于加入了某种邪教组织或非法团体，利用互联网进行颠覆国家政权、推翻社会主义制度等违法犯罪活动。

四、预防大学生网络犯罪的措施

(1)提高审美素质，增强抵御恶丑的能力。大学生应努力提高人文素质修养，正确认识网络文明的内涵，崇尚科学、追求真理，在主观思想上建立起一道防线，以抵制网络上一些虚假、反动、消极的内容。增强网络文明意识，使用文明语言，在无限宽广的网络天地里倡导文明新风，营造健康的网络使用环境。

(2)加强网络法制知识学习，增强法制观念。大学生网络犯罪的高发在很大程度上与自身法律意识淡薄有关。有的大学生仅仅为了好玩、新奇、尝试或证明自己的水平而无意中实施了网络犯罪。为此，作为大学生应加强网络法制知识学习，增强法制观念，明白网络犯罪虽然与普通犯罪有所不同，但其本质都是对公共安全、公众权益的侵害，都是触犯法律的行为，网络的虚拟空间也是受现实法律规范约束的。

(3)加强网络道德自律，增强网络道德意识。在网络世界，应识别和抵制网上的黑色、黄色和灰色信息，主动选择有积极意义的信息，体会网络文明带来的正面效应。作为大学生还应树立与时代合拍的价值观、人生观、道德观，以适应网络时代的需要；上文明网，文明上网，科学上网，不登录非法网站，不散布、传播谣言；要善于网上学习；不浏览、发布不良信息。要诚实友好交流，不侮辱欺诈他人；要尊重他人隐私，不散布虚假言论；要恪守网络道德，不扮演“黑客”角色。

(4)增强自我保护意识，不随意约会网友；要增强辨别能力，不轻信网上流言。

6.3 健康合理上网

案例点击

《武汉晚报》2015 年 3 月 17 日新闻——《入学曾获一等奖如今五门撞红灯都是电脑惹的祸》，说的是武汉科技大学 2014 级学生小于，入学时获得新生一等奖学金，由于沉迷网络游戏，仅半年后，考试竟有 5 门挂了“红灯”。

【专家点评】

该校规定，一学年若超过 4 门功课不及格，或者 4 年有 7 门功课不及格，就会被开除学籍。像小于这样的学生，若不能自控，后果将十分严重。

一、警惕沉迷网络游戏

网络游戏，是指人们通过网络玩游戏。现在的网络游戏种类繁多，如传奇、反恐精英、冒险岛、星际争霸、梦幻西游、疯狂坦克Ⅱ、封神榜、金山游侠、各式各样的奇迹(MU)等。国内游戏网站有盛大游戏网、久久游戏网、天虎游戏、中国专业游戏网、光通通信、中国游戏互动中心等。与工业时代的玩具游戏不同，网络游戏是在一种虚拟环境中进行的，现实的人们从物理世界进入网络虚拟世界，在虚拟的、想象的自我构造中，表达了游戏者一种探索另一个新的“自我”身份的愿望。

6-4　网络对大学生的消极影响

(一)大学生沉迷网络游戏的原因

现今许多大学生沉迷网络游戏，这是因为通过游戏，他们能舒缓学习压力、摆脱孤独、满足成就感，在网络游戏中寻求自我价值的实现，同时也与学校和老师在观念、教育方法、知识等方面跟不上学生成长教育的需要，社会上网络市场不规范、相关法律制度不健全等问题有关。

(二)大学生沉迷网络游戏的危害

1. 浪费时间、浪费金钱

沉迷于网络游戏的大学生将大把的时间和金钱浪费在游戏上而觉得无所谓。大学生主要以学习生活为主，他们的生活费主要来源于父母，拿着父母的血汗钱大量消费在网络游戏上不仅是浪费金钱，更脱离了社会的基本道德。

2. 上网成瘾、荒废学业

学习的过程需要记忆、理解才会有所收获，学生把大量的时间用在网络游戏中，自然用在学习中的时间就相对减少，在学习时间上和别人相比已经居于劣势。长时间接触网络游戏的人，其精神状态也会受到影响而低落，这势必影响学习的效率。学生因网络游戏成瘾导致课程不及格或辍学的现象已屡见不鲜。

3. 人际交往能力减退

大学生对游戏的依赖性越来越大，可能导致人际交往能力因上网成瘾而萎缩，形成不切实际的自我意识，导致严重的社会交流障碍，对亲情和社会冷漠等，今后如何直面社会，参与交流、合作、竞争就成了问题。

4. 网络游戏"毒瘾"影响生理健康

上网成瘾会导致大学生视力下降、生物钟紊乱、神经衰弱等。大学生因长时间玩游戏而猝死的案例已屡见不鲜。

5. 影响人生前途

网络游戏成瘾的学生在社会中碰壁现象越来越严重，那些把主要精力消耗在游戏中的大学生，在就业的浪潮中不能立足也成为必然。人如果没有真才实学总会在实践中暴露无遗，因此就业过程总会受到挫折，最终无法顺利就业而沦为社会闲散人员，这一群体的增加加剧了社会的不稳定。

(三)网络游戏成瘾的防范与治疗

1. 网络游戏成瘾的防范

(1)加强对游戏的控制。对网络游戏进行审查和分级，是防止更多大学生沉迷网络游戏的又一有效途径。对面向青年人的游戏应该严格限制，宣传游戏制作不能纯粹以赢利为目的，还要兼顾道德与大局。

(2)创建积极向上的学习和生活环境。学校要为学生创造实现自我价值的环境。高校对大学新生要特别关注，帮助他们解决各种困难，鼓励他们利用课余时间为社会服务，或参加勤工俭学活动。

(3)学校加强宣传教育。教师应该定期向学生宣传沉迷网络游戏的危害，引导学生以积极的心态去利用网络。

(4)自身防范。首先，在校大学生要有高尚的情趣，以学业为主。上网的目的应该是为了更好地学习科学文化知识，避免形成网络消遣心理，大学生的业余活动应以能提高自身身体与心理素质为方向。其次，对于大学生的兴趣也应该采取"有所为，有所不为"的态度，网络是新生的事物，大学生应该在教师的指引下去探索网络知识。最后，性格内向的大学生应该迎难而上，以积极的心态去克服自卑、敏感等不合群心理，避免采取偏激的倾诉方式，如网络游戏。

2. 网络游戏成瘾的治疗

专家认为，性格内向、焦虑倾向严重，不善于人际交往的学生更容易患上"网络游戏成瘾症"，一些自律能力较差的学生也会不知不觉地染上此症。发现自己符合"网络游戏成瘾症"的学生，应该及时和学校的心理咨询师联系，尽快解除这种病态心理。具体有以下办法。

(1)逐步减少学生每天上网时间，并最终减轻他们对网络游戏的依赖。

(2)改善环境心理疗法。大学生生活的环境主要是学校，让患有网络游戏成瘾症的学生多参加有益的集体活动，改善周围的环境，逐步消除其对网络游戏的依赖。

(3)替代法。用现实的娱乐方式替代网络游戏，转移他们对网络游戏的专注。

二、健康上网

大量事实表明，长时间使用电脑或上网会对人的生理健康有所损害。因此，我们要养成健康上网的好习惯。

(1)保持正确使用电脑的姿势。如果出现手掌负担过重的征兆，可在腕关节下面放个软垫。

(2)注意用眼卫生。眼睛与显示屏应保持 50 厘米的安全距离，显示屏的亮度不宜太亮或太暗。上网时每隔 40～60 分钟要做做眼部活动，适量滴用舒缓性眼药水，以防眼部过于疲劳。

(3)定时放松肌肉。尽量不要长时间连续上网，最好每隔 1 小时休息活动一下，尤其是手腕、手掌、肩背处肌肉的放松。

(4)警惕电脑辐射的危害。研究表明，电脑侧面和背面的辐射较之正面更厉害，在网吧等电脑聚集的地方使用电脑受辐射危害较大，因此应尽量少去此类场所。平时，应选用辐射较低的显示器，如液晶显示器，或使用防辐射器材。另外，多吃新鲜水果和蔬菜，补充相应的维生素和蛋白质；多饮绿茶、螺旋藻等防辐射饮品，提高自身的免疫能力。

安全知识

网络综合征的自我救助

电脑网络作为一种生活学习工具，给我们带来便利的同时，也给许多年轻人带来了各种身心健康问题。

1. 网络综合征的自我诊断

(1)上网时精神亢奋，一旦从网络中抽离，回到现实后便反应迟钝，情绪低落，甚至神不守舍。

(2)日常生活中有强烈的上网冲动，上网时间长。

(3)不能上网时心情烦躁、情绪低落。

(4)平时会有不自主地敲击键盘的动作，自制力差，经常走神并陷入幻想。

(5)性格孤僻，不合群，不愿同亲人朋友交流。

2. 网络综合征的自我治疗

(1)要严格约束自己的上网时间，尤其是在夜间，还要注意调整周围环境的光线，避免在太暗的环境下长时间上网。

(2)上网时要注意坐姿，注意身体与电脑显示器之间的距离和位置，双眼和显示器应该保持基本水平，距离不小于半米，敲击键盘时，身体与前臂成90°。

(3)注意劳逸结合，避免久坐，多进行户外活动。

(4)丰富自己的业余生活，避免在网络上投入太多的精力。

(5)注意饮食，多吃富含维生素和蛋白质的食物。

(6)注意自我调节，一旦发现自己具有网络综合征的各种症状，不要紧张，可以主动寻求心理治疗。

大学生上网聊天的注意事项

(1)注意个人隐私的保护。与网友交流时应尽量避免使用自己的真实姓名，不要轻易透露自己的手机号码、住址等个人信息。

(2)尽量避免与网友(尤其是单独)见面。如需见面，一定要与信任的朋友结伴前往，见面地点尽量选择人流量大的公共场所，尽量选择在白天见面，见面时保持警觉。

(3)不要轻易点击来历不明的网址链接或下载、打开来历不明的文件，以免电脑遭到黑客攻击，造成损失。

(4)绿色上网，抵制暴力、色情、反政治等内容。

>>> 知识汇总

1. 影响网络安全的主要因素

(1)计算机黑客。

(2)计算机病毒。

2. 网络安全现状

(1)部分大学生网民沉溺于网络并因此引发了诸多不良后果。

(2)部分大学生进行网恋。

(3)一些不法分子在互联网上直接实施违法犯罪活动。

3. 安全使用网络

(1)做遵纪守法的网民。

(2)要增强自控能力。上网适可而止，不能过分迷恋。

(2)为预防违法犯罪行为的发生，要加强自我防范。

(4)防止“黑客”攻击。

4. 网络犯罪的特征

(1)犯罪主体的高智能性。

(2)犯罪手段的隐蔽性。

(3)严重的社会危害性。

(4)突破传统时空的广域性。

5. 网络犯罪的类型

(1)针对计算机网络系统实施的犯罪。

(2)利用计算机网络实施的其他犯罪行为。

6. 大学生网络犯罪的主要表现形式

(1)制造、传播计算机病毒或实施黑客行为，危害网络安全。

(2)利用网络窃取账号、信用卡号等资料，侵害公私财产。

(3)利用网络实施诈骗、勒索等犯罪活动。

(4)利用网络制作、复制、传播、贩卖色情淫秽物品。

(5)利用网络侮辱、诽谤他人，妨害他人名誉。

(6)利用网络散布反动言论，危害国家安全。

7. 大学生沉迷网络游戏的危害

(1)浪费时间、浪费金钱。

(2)上网成瘾、荒废学业。

(3)人际交往能力减退。

(4)网络游戏“毒瘾”影响生理健康。

(5)影响人生前途。

8. 健康上网

(1)保持正确使用电脑的姿势。

(2)注意用眼卫生。

(3)定时放松肌肉。

(4)警惕电脑辐射的危害。

专题七 心理健康与安全

7.1 大学生心理健康概述

7.2 大学生常见心理问题及其预防

7.3 大学生常见精神疾病

高速发展的现代社会，飞速进步的科学技术，越来越快的生活节奏，日益激烈的生活竞争，迫使人们不断地进行知识更新，在这样的背景下，人们学习的压力也在增加，作为现代社会的组成部分，在大学校园生活和学习的大学生，也有较多的心理问题。况且，大学生作为一个特殊的社会群体，还有许多自己特殊的问题。比如，对新的学习环境与任务的适应问题，对专业的选择与学习的适应问题，理想与现实的冲突问题，人际关系的处理与学习问题，恋爱中的矛盾问题以及对未来职业的选择问题等。如何让大学生避免或消除由上述种种心理压力而造成的心理应激、心理危机或心理障碍，增进身心健康，以积极的、正常的心理状态去适应当前不断发展的社会环境，预防精神疾患和身心疾病的发生，已成为各高校共同关注的问题。

7.1　大学生心理健康概述

案例点击

杜某是某大学大三的一名男生，他最近刚刚和本市另一所大学就读的女朋友分手。两个人在高中的时候就已经暗生情愫，并相约一起考入同一个城市的大学，三年来的相处，两个人的感情也是风平浪静，可是大约一个月前女孩身边的另一个男生对她展开了攻势，也是在这个时候女友对他的态度发生了转变。两个人开始因为小事产生口角，且女友经常讲另一个追求她的男生如何优秀。杜某也渐渐不能忍受，提出让她尽快在他和另外一个男生中做出选择，女孩最终选择放弃了他。他无法接受这个现实，很难相信三年以来的感情这么不堪一击，心中又实在不能把她放下，试图尽力挽回却无果。近日更觉情绪低落，茶饭不思，有时甚至觉得活下去也没有任何意义。

【专家点评】

很明显，杜某失恋了，而且遭受了很大的打击，沉溺于这种消极的情绪中不能自拔。他将爱情当作生命中的唯一，没有了爱情就没有了生活下去的希望。其实，这是一种错误的想法，人生中除了爱情，还有很多东西值得珍惜，如亲情。针对杜某这种情况，他可以通过适当的方式发泄，可以转移注意力，如集中精力投入到学习或集体活动中去，借以转移自己失恋的痛苦。

一、大学生心理健康的概念

心理健康是一种安定和谐的心理状态，一个人处在复杂多变的环境下，不管遇到任何困难和障碍，始终可以维持自身心理平衡的这种状态，就是心理健康的状态。每个人或多或少都有心理问题，所以不存在绝对的心理健康。一般我们可以通过三项原则来判断一个人的心理状态是否健康：第一，心理与环境的统一性。正常的心理活动与客观环境具有内容和形式上的一致性。第二，心理与行为的统一性。个体的心理活动与行为相对统一、协调。第三，人格的稳定性。人格是个体在长期的生活经历过程中逐渐形成的，其与个体的心理特征相互一致，是个性心理特征的具体体现。

7-1　心理健康概述

二、大学生心理健康的标准

大学生正处于18～25岁的青年期，但是，作为一个特殊群体，大学生又不完全等同于社会上的青年。对大学生进行心理测量一般采用量表测量的方法，测量标准不是固定不变的，而是随着时代变迁、文化背景等环境因素的变化而变化。评判我国大学生的心理健康水平，应根据我国大学生的实际情况，按照以下几个标准进行。

7-2　心理健康的标准

一是智力正常。智力，是人的观察力、注意力、记忆力、想象力、思维力、创造力及实践活动能力等的总和，包括：在经验中学习或理解的能力，获得和保持知识的能力，迅速而成功地对新环境做出反应的能力，运用推理有效地解决问题的能力等。正常的智力是大学生学习、生活与工作的基本心理条件，也是大学生在适应周围环境变化的过程中必不可少的心理保证。要衡量大学生的智力是否正常，关键要看大学生是否能够正常、充分地发挥自我效能。

二是情绪健康。好的情绪状态是心理健康的一个重要方面。我们可以通过观察情绪反应来衡量一个人的情绪是否健康。比如某人的情绪表达是否符合社会要求、自身需要，是否能够与环境相适应，正面情绪是否多于负面情绪，等等。

三是意志健全。意志是一种心理倾向，是决策心理活动过程中重要的心理因素。意志健全的大学生往往在行动过程中具备较高的自觉性、果断性和顽强性。健全的意志一方面可以帮助大学生在各种活动中建立目标，帮助大学生更专注、有效地解决自身面对的各种问题，另一方面可以提升大学生面对困难、应对挫折的能力。

四是人格完善。人格是个人在气质、性格、能力、需要、动机、理想、价值观和体质等方面特征的总和，是具有动力一致性和连续性的自我。完善的人格主要表现在：人格结构的各要素完整统一，具有正确的自我意识，不产生自我同一性混乱，能够以积极进取的人生观为核心，把自己的需要、目标和行动统一起来。

安全字典

当你的同学遭受挫折而准备出走，甚至有自杀倾向时怎么办?

首先，要有正义感和同情心，帮助其排解苦闷，不应该漠然处之，更不要嘲笑、刺激。

其次，可以想办法帮助这个同学克服困难。如果你觉得自己的力量不够，还可以发动其他同学，并且和辅导员商量。

再次，要善于观察，及时察觉危险苗头。如果看到这个同学有反常言行，应该立即向辅导员或系领导反映，千万不可犹豫观望。

最后，发现这个同学外出不归，可能会出问题，要及时向院系领导和学校有关部门反映，以便由组织出面采取补救措施。

五是自我评价正确。自我评价能够反映出大学生的自我认知，是大学生心理健康的重要评价标准。大学生在进行自我观察、自我认定、自我判断和自我评价时，能做到自知，恰如其分地认识自己，摆正自己的位置，既不以自己在某些方面高于别人而自傲，又不以自己在某些方面低于别人而自卑，面对挫折与困境，能够自我悦纳，喜欢自己，接受自己，自尊、自强、自制、自爱，正视现实，积极进取。

六是人际关系和谐。一般来说，具有良好人际关系的大学生，大都能保持开朗的性格以及热情乐观的品质，从而正确认识、对待各种现实问题。

七是社会适应正常。大学生应该客观认识自己与现实环境的关系，做到能够根据现实条件和自身特点进行自身与环境的协调，或改变环境使之适应自身需要，或改造自我以适应环境。

八是心理行为符合大学生的年龄特征。大学生是处于特定年龄阶段的特殊群体，大学生应具有与其年龄和角色相适应的心理行为特征。

另外，正确理解大学生心理健康的标准，应重视以下两方面。

一是标准的相对性。事实上，大学生心理健康与否并无明显界限。如将心理健康比作白色，将心理不健康比作黑色，那么在白色与黑色之间存在着一个巨大的缓冲区域——灰色区，世间大多数人都散落在这一区域内。这说明，对多数大学生而言，在人生的发展过程中面临心理问题是正常的，不必大惊小怪。与此同时，由于个体灰色区域也是存在的，因此大学生应提高自我保健意识，及时进行自我调整。

二是整体协调性。把握心理健康的标准，应以心理活动为本，考察其与行为关系的整体协调性。从心理过程看，健康的人的心理活动与行为是一个完整统一的协调体，这种整体协调保证了个体在反映客观世界的过程中的高度准确性和有效性。事实表明，认识是健康心理结构的起点，意志行为是人格面貌的归宿，情感是认识与意志之间的中介因素。

7.2 大学生常见心理问题及其预防

案例点击

这是发生在两位大学生之间的故事：小A与小B是某艺术院校大三的学生，同在一个宿舍生活。入学不久，两个人就成了形影不离的好朋友。小A活泼开朗，小B性格内向，沉默寡言。小B逐渐觉得自己像一只丑小鸭，而小A却像一位美丽的公主，心里很不是滋味。她认为小A处处都比自己强，把风头占尽，时常冷眼相对。大学三年级，小A参加了学院组织的服装设计大赛，并获得了一等奖，小B得知这一消息先是痛不欲生，而后妒火中烧，乘小A不在宿舍之机将小A的参赛作品撕成碎片，扔在她的床上。小A发现后，不知道怎样对待小B，更想不通为什么她会遭受这样的对待。

【专家点评】

小B与小A的关系从形影不离到疏离怨恨，这样的变化令人十分惋惜。引起这场悲剧的根源，关键是两个字——忌妒。忌妒是一种损人损己的病态心理，严重影响人们的身心健康。一个人只有客观地认识自己的优势和劣势，现实地衡量自己的才能，为自己找到一个恰当的位置，才能避免忌妒心理的产生。为此，还要努力完善自己的个性，提高自己的心理素质，以健康的心态面对生活。

相关高校大学生心理健康普查的资料显示，大学生常见的心理问题包括学习问题、情绪问题、人际交往问题、挫折与压力应对问题以及恋爱心理问题等，本节将针对大学生这些常见的心理问题及其咨询展开论述。

一、大学生学习心理问题及其预防

在影响大学生情绪波动的因素中，学习成绩排在第一位。一般说来，学生学习压力过大、学习负担过重，会导致智力活动能力受限，学习效率下降，这不仅会降低学生的学习兴趣，而且会使学生对学习失去信心，精神上会感到有压力，焦虑不安，久而久之就会产生某种心理障碍。大学生需要从以下这些方面调节自己的学习。

7-3 大学生常见心理问题及应对策略

(一)克服学习无助感，提高自我效能感

20 世纪 60 年代，心理学家以狗为研究对象，进行了对学习无助感的研究。研究表明，当个体对目前变化的环境完全无法控制，或对未来将要发生的事情完全无法预测时，个体的认知功能势必因无法解决困难而解体。如果这种情况长期延续下去，个体将因无法克服焦虑、恐惧、痛苦的压力而丧失求生斗志，放弃一切追求，进而陷入绝望的心理困境，此种绝望心境被称为学习无助感。

有的大学生在学习过程中也会产生学习无助感。比如，有的学生在学习高等数学时总觉得似乎在听天书，听不懂，最后几乎放弃学习的欲望，即使比较容易理解的内容也不去思考，认为自己天生就不是学习高等数学的材料。大学生在这种情况下需要增强自我效能感，提高自信心，努力去尝试和改变。

安全字典

别把全部希望寄托在学习成绩上

当自己付出了很多努力而学习成绩仍旧差强人意时，一方面要去竭力掌握一门对自己的未来职业有帮助的技能，以取得人生之基础，不要把自己的全部希望寄托在学习成绩上；另一方面要以平和的心态对待学习，成绩提高了是自我的成功，成绩没有提高也不值得恐慌。

如果一个人能够凭借自己的能力在社会上安身立命，而不依赖于别人，他就是一个能够挺直腰板生活的人。虽然不能呼风唤雨，但可以顶天立地。学习成绩只是一个人能力的一个方面的反映，而绝不是全部。如果一个人在顺利完成学业的同时，能够掌握一门足以让自己安身立命的技能，使自己能有所依持，就无须为自己学习成绩不好而苦恼，因为学习成绩并不是脚下的唯一基石。

(二)调适并集中注意力

大学生注意力不集中的原因大致有以下几个。第一，专业不对口，学非所愿。这些学生大都由家长、老师代填志愿，所以学习兴趣不浓。第二，学生入学后，校方对学生的专业前景、发展方向的介绍较少，致使学生对学习的必要性认识不足。第三，新生入学后，由于没有了高考的约束，加之离大学毕业尚早，出现“理想间隙期”，致使学习动机较弱。第四，没有掌握学习规律。

对此，有如下调适方法。

第一，要有正确的学习态度。有了正确的学习态度，才能克服在学习过程中出现的各种各样的问题。态度明确，注意力才能集中，学习效率才会提高。

第二，掌握科学的学习规律。学习时间的规划，学习地点的选择，也可以帮助我们形成学习规律。一旦时间、地点定下来，就应立即落实。

第三，学会运用思想阻断法。注意力不集中的学生在学习时常会胡思乱想，及时阻抑这种纷乱的思绪对于提高学习效率很有必要。当纷乱的思绪出现时，把眼睛闭上，反复握拳、松开，使肌肉收缩，同时对自己说："停止!"如此反复做若干次。

(三)学习挫折的自我心理调适方法

大学生学习和掌握一些自我心理调适方法，可以有效地化解因学习挫折而产生的焦虑、紧张等不良情绪，从而提高挫折承受力。常用的自我心理调适方法有自我暗示法、放松调节法、想象脱敏法、想象调节法和呼吸调节法等。

二、大学生人际交往心理问题及其预防

所谓人际交往，是指人运用语言或非语言符号交换意见、交流思想、表达感情和需要的过程。

案例点击

齐某，20岁，大学一年级学生，家庭幸福，经济条件较好；父母关系和谐，对她疼爱有加，凡事都顺从她的意愿，使她从小就养成了强烈的依赖性。高中的时候，她对朋友是全心付出，同学和朋友对她也是关爱有加，所以她也没有刻意关注自己的人际关系。进入大学以后，她希望与寝室同学和睦相处，对别人是有求必应，她怕拒绝了别人的要求，别人会指责她，会在背后说她的坏话。她虽然知道这种担忧没有必要，但这种想法却挥之不去。这些想法使她承受了巨大的心理压力，试图逃避寝室"复杂"的人际关系。

【专家点评】

大学生每天除了睡眠外，其余时间中有70%左右用于人际交往。然而，来自各方面的资料显示，大学生对人际交往的理解与期望却是不全面的，不少大学生的人际关系在不同程度上存在着不尽如人意之处，他们存在着许多烦恼与困惑，以至于有的学生情绪低落，在人生观、价值观方面产生困惑。

大学生人际交往问题有以下几个类型。

（一）社交恐惧症

在人际交往的过程中人们都会产生不同程度的恐惧心理，只是每个人对恐惧的反应程度不同。有些大学生对人际交往异常恐惧，在面对他人时，存在自卑、害羞心理，从而表现出紧张、脸红、心跳过速、眼神躲闪、语无伦次甚至根本说不出话。有些学生在人多的场合或者集体活动中感到恐惧，不敢与人打交道，不敢表现自己。心理学将这种现象称之为社交恐惧症。社交恐惧会导致焦虑、痛苦、自卑，从而影响一个人的身心健康和正常生活。

（二）自我封闭，不愿交往

与不敢交往不同，自我封闭导致的则是不愿交往。大学生在经历了高考的大浪淘沙之后，可能会发现自己并不如中学时那么出类拔萃，这样的心理落差往往会引起自卑和对自己能力的怀疑，进而形成与同学之间不信任、不理解的关系状态，最终导致自身的人际交往障碍。

（三）渴望交往，但困难重重

这类大学生在日常的学习、生活、工作中，渴望交往，付出了很多热情，做出了很多努力，但由于交往的方法不正确、能力不够或存在人格缺陷、心理障碍等其他原因，总是使交往产生诸多不尽如人意之处。

（四）交往热火，但缺少知心朋友

这类大学生能正常与他人交往，人际关系也不错，但总感觉与人相处没有深度，相互之间缺少影响力，没有能互吐衷肠、肝胆相照、配合默契、同甘共苦的知心朋友，为此，他们自己有时也感到无奈和困惑。

（五）交往平淡

交往平淡，浮于表面。这类大学生能与他人交往，但总感到与人相互之间处在一种敬而远之的状态，彼此客客气气。没有关系较密切的朋友，多属泛泛之交。人际关系浮于表面、流于形式，难以保持和发展良好的人际关系。这类大学生多感到空虚、迷惘、失落。

人的行为都是在一定的观念指导下进行的。积极、全面而良好的交往认知是健康交往的基础。为了使自己的交往行为引起交往对象良好的反应，引发积极的交往行为，在交往中应遵循一定的原则。在我们的社会中，人与人之间的交往应遵循的原则有以下几条。

(1)尊重原则。古人说:“敬人者,人恒敬之。”尊重包括自尊和尊重他人两个方面。自尊就是在各种场合自重自爱,维护自己的人格;尊重他人就是尊重他人的人格、情感,承认他人的社会价值。只有这样,才能保持人际交往中各方的平等地位。

(2)真诚原则。真诚待人是人际交往中最有价值、最重要的原则。以诚待人是人际交往得以延续和深化的保证。人与人之间以诚相待,才能相互理解、接纳、信任,才能团结相处。

(3)互利原则。只有在交往中做到互利,双方的交往关系才能持续发展。如果一方只索取而不给予,交往就会中断。

(4)宽容原则。宽容表现为对非原则问题不斤斤计较,能够大度容人,宽以待人,求同存异。宽容有助于扩大交往空间,滋润人际关系,消除人际间的紧张和矛盾。

(5)理解原则。“金玉易得,知己难寻。”所谓知己,即能够理解和关心自己的人。相互理解是人际沟通、促进交往的条件。古人说:“己欲立而立人;己欲达而达人;己所不欲,勿施于人。”

(6)信用原则。人际交往要讲究一个“信”字。信有两层含义:一是言必信,即说真话,不说假话。如果一个人满嘴胡言,尽说假话骗人,最后会连真话都不能使人相信。二是行必果,即说到做到,遵守诺言,实践诺言。如果一个人到处许诺而不去做,必然会引起人们的反感和唾弃。

三、大学生情绪问题及其预防

大学生活是紧张的,社会期望高、心理压力大、学习负担重、竞争激烈,这些常常使大学生的情绪处于紧张状态。许多资料表明,在造成大学生身心不健康的诸多原因中,情绪问题是主因。一般认为,适度的、情境性的负性情绪反应,如考试中的紧张和焦虑,以及失意后的悲伤等,是正常的。但是,如果大学生不能很好地处理生活和学习中的各种问题,就极易产生不正常的情绪问题,从而影响身心的健康和发展。

(一)大学生常见的情绪问题

1. 自卑

自卑是一种心理缺陷,大学生的自卑感多源于过多的自我否定所产生的自惭形秽的体验。自卑的人过度轻视自己,只关注自身的短处或他人的长处,而忽视自身的长处和他人的短处,这种认知偏差往往导致自卑者胆怯畏惧、遇事不决甚至逃避。

2. 抑郁

抑郁是大学生中常见的情绪问题,是不少大学生在遇到学习成绩落后、失恋、生活受挫、家庭意外等事件刺激后,心理上无法承受压力而出现的情绪反应。

抑郁在行为上表现为丧失学习和工作的兴趣及动力，反应迟钝，无精打采，拒绝交际，回避朋友，并伴随着食欲减退、失眠等不良反应。一般来说，处于抑郁状态的人如能对其自身遭遇作恰当分析与认识，对自身行为的控制与调节符合社会常规，并有一定的自信与自尊，虽有忧郁体验，但无异常行为，即属于正常情绪反应。大多数学生都多少有过这种消极情绪，但体验的时间比较短暂，事过境迁，这种消极情绪也就慢慢消失了。但也有少数性格内向、孤僻、自尊心强、怀疑心重、承受挫折能力低的学生容易长期处于抑郁状态，导致抑郁性精神症的出现。如果抑郁状态使人对自身处境不能做出如实判断，并产生偏离社会常规的行为，如因为过度的压力感而情绪低落或绝望，失去兴趣和责任感，从而不能正常工作，甚至产生回避社会和企图自杀等极端意念和行为，则均属情绪异常。

3. 焦虑

焦虑是一种情绪反应，是个体对当前的或预感到的挫折产生的一种紧张、忧虑、不安而兼有恐惧性的消极的情绪状态。当焦虑状态严重且持续存在时，就可能导致神经性焦虑的病理状态。焦虑者常表现出精神性不安、来回走动、不由自主地震颤或发抖，还伴有出汗、口干、呼吸困难、心悸、尿急、尿频、全身无力等不适感。紧张、焦虑一般来说是神经症的具体表现。焦虑状态对人的精神生活有严重影响。焦虑导致自主神经系统高度激活。焦虑持续或频繁发生时，易导致个体身体全面衰弱、食欲减退、睡眠不良和过度疲劳，恐惧、紧张和无助感加剧，注意力涣散，记忆力减退，思想慌乱，无所适从，易产生极端念头，夸大自身无能，顾虑重重，灰心丧气。有时，对恐怖的预期还会导致个体易怒、暴躁、怨天尤人和厌烦。

焦虑是大学生常见的异常情绪和心理障碍，主要涉及以下几方面：①考试焦虑，即大学生由于担心考试失败或渴望获得更好的成绩而产生的一种忧虑、紧张的心理状态。考试焦虑一般在考试前几天就表现出来，随着考试日期的临近而日益严重。②身体健康焦虑，是指大学生由于对身体健康过分关注而产生的焦虑不安的情绪，并有失眠、疲倦等症状。③适应焦虑，即大学生由于对大学的环境、学习方式和人际关系等不能很快适应而产生的焦虑。

4. 冷漠

冷漠是个体应付挫折的一种心理防御手段，具体表现为缺乏积极的认知动机、思维停滞、意志衰退、情绪低落、情感淡漠等。冷漠带有很强的自我防御色彩，是一种逃避式的退缩心理反应。

5. 愤怒

愤怒是由于客观事物与人的主观愿望相违背，或因主观愿望无法实现时，人们内心产生的一种激烈的情绪反应。研究表明，愤怒可以导致人体心跳加快、心律失常，长期的愤怒还可能导致高血压等躯体性疾病。当愤怒发生时，人的自制力减弱甚至丧失，思维受阻，行为冲动，往往会做出令愤怒者后悔的事，给自己造成不可挽回的损失。

6. 忌妒

忌妒是指个体因他人在某些方面胜过自己而产生的不快甚至是痛苦的情绪体验。忌妒是一种情绪障碍，它扭曲人的心灵，妨碍人与人之间正常、真诚的交往。忌妒是自尊心的一种异常表现，具体表现为：当看到他人学识能力、品行荣誉甚至穿着打扮超过自己时，内心产生不平、痛苦、愤怒等感觉；当别人身陷不幸或处于困境时，则幸灾乐祸，甚至落井下石，在人后恶语中伤、诽谤。

(二)大学生情绪管理

不良情绪会妨碍人的身心健康，甚至会影响到人的生活、学习和工作。因此，大学生需要正确认识自己的情绪，有针对性地进行情绪调节，管理情绪。情绪管理分为以下几个步骤。

1. 觉察自己的情绪

克服负性情绪的前提，先要树立调整情绪的自觉意识，即必须承认某种情绪的存在。例如，有人惧怕黑暗，要想摆脱这种恐惧，先得承认他对黑暗有惧怕的心理。如果他认为那是丢人的事情而不愿承认，那么，他将无法克服那种恐惧。

2. 了解情绪的成因

认知是平衡主客观关系的杠杆，其在调整自身情绪的过程中发挥着重要的作用。通过对认知合理性的分析和辩论，可以消除不合理的理念，从而改变由此诱发的情绪及反应。

3. 缓和与转换情绪的方法

(1)放松法。当你被过分的紧张、烦恼和恐惧困扰时，可尝试通过深呼吸的方法放松自己，尽量放慢呼吸动作，使自己的身心逐渐得到放松。此外，还可通过自我暗示来缓解不良情绪，如反复默念："我现在已经放松了，我的全身处于自然轻松的状态。"此外，对过往成功体验的回忆也能起到调节不良情绪的效果。

(2)活动转移方法。活动转移方法是指在处于情绪困境时，暂时将问题放下，从事所喜爱的活动，以转变情绪体验，达到调控情绪的目的。事实证明，音乐是调控情绪的最佳方式之一。

(3)眼泪缓解法。在悲痛欲绝时大哭一场，可使情绪平静。很多人欣赏"男儿有泪不轻弹"，把眼泪当作软弱的表现，但这种观念其实是不可取的。美国精神病学家曾对 331 名 18 岁的人进行调查，结果表明，女性平均每月哭 3～5 次，男性平均每月哭 1～4 次，他们都感到哭过以后心情好多了。

(4)合理宣泄调节。一些日本公司的充气头像就是用来让员工发泄对上司的不满的。

员工通过打骂“模拟敌人”，发泄烦恼，宁心息怒。在适当的场合下，合理地宣泄一下自己的情绪，同样可以起到心理调节的作用。要学会合理宣泄情绪，首先要注意情感宣泄的对象、地点、场合、方式等，切不可任意宣泄，无端迁怒于他人或他物，造成不良后果。模拟宣泄是较合理的疏导办法。

四、大学生挫折问题及其预防

所谓挫折，是指人们在某种动机的推动下，在实现目标的活动过程中，遇到无法克服或自以为无法克服的障碍和干扰，使其动机不能实现、需要不能满足时所产生的紧张状态和情绪反应。挫折普遍存在于人生的各个方面和各个阶段。只要有追求、有欲望、有需求，就会有失败、有失望、有失落。尤其是对一个涉世未深而又渴望有所作为的大学生来说，挫折更是难以避免。大学生遭遇挫折与压力未必是坏事，如果生命历程中缺少这种痛苦和紧张，就意味着没有触及成长的关键点，最终难成大材。

(一)大学生遇到的挫折与大学生活环境和自身特点密切相关

1. 与人际交往有关

人际交往问题是大学生心理咨询实践中最常见的问题。人际关系紧张、敏感，已经成为大学生的主要困扰。通过对大学生的调查发现，目前交际困难已成为诱发大学生心理问题的首要因素。

2. 与学习有关

学习问题是大学生们抱怨最多的问题之一。大学生每天在“三点一线”的状态下紧张度过，废寝忘食，超负荷运转，持续紧张。许多大学生不注意用脑卫生，用脑过度，以致学习疲劳，甚至学习效率降低，学习成绩下降。学习成绩的下降，极易使大学生产生严重的受挫感，这种受挫感使得大学生学习兴趣下降，学习动力缺乏，在学习上形成恶性循环，导致大学生出现挫折心理。

3. 与恋爱有关

爱情作为人类美好的情感，被大学生所向往和体验，但是大学生中因为恋爱引发情感危机与遭受心理挫折的现象不在少数。大学生恋爱中的心理挫折主要包括单相思、恋爱中的感情纠葛和失恋等。失恋可以说是大学生中最为严重的心理挫折之一。大学生因恋爱所造成的心理挫折，是诱发大学生心理问题的重要因素。

安全字典

如何正确对待失恋

当一个人面对失恋的打击时，要学会调整自己的心态，尽快摆脱低落情绪。

首先要正确对待失恋，摆脱自卑的约束。作为一个有理智的大学生，应勇敢地正视现实——爱情是不能强求的。恋爱既然有成功，也有失败，那么我们为什么苛求成功而不正视失败呢？

其次，超然与雍容的态度非常可取。如果是不属于自己的爱情，分手本身就是幸运；如果是因为自己的经验不够或者某方面的不足所致，就应该从失恋中认真总结经验，努力完善自己。失恋不失志，失恋不失命，天涯何处无芳草，何必总是耿耿于怀？

有了对待失恋的正确态度，就应寻求解除失恋痛苦的途径，努力做到自我调节。具体可以运用以下方式：①情感宣泄。不要过分埋藏和压抑自己失恋的痛苦，可以向亲朋好友倾诉自己的痛苦。②情景转移。多参加社会活动和丰富多彩的文体活动，或是进行一次旅行，让自己置身于大自然的怀抱，以此转移情绪使身心得到调整。③升华。尽快把精力引向学习及自身事业的发展之中，把失恋升华为一种奋发向上的动力。

4. 与求职就业有关

当代大学生拥有更多的择业自主权，却也面临着更严峻的就业竞争形势。大学生毕业后，无论是一般的学生，还是品学兼优的学生，都深切感到择业、就业的压力，出现了新的难以摆脱的心理矛盾，致使自己心理失衡，出现心理挫折。

当一个人为就业不顺而痛苦绝望时，应当这样想："天生我材必有用。"当一个人就业不顺时，可能会有一种被社会抛弃的感觉。可是痛苦与绝望于事无补，这种情绪不仅不能助人摆脱困境，反而会降低办事效率，增加就业难度。

首先，要摆正自己的心态。做好自己现在能做的事情，而不要去操心那些暂时无法完成的事，多余的担心、害怕只会适得其反。应努力避免那些负面情绪的影响，把全部的注意力和智慧放在尝试每一种就业的可能性上。

其次，假如就业前景已经希望渺茫，那么就应该一面不放弃就业的努力，一面开始郑重考虑自己的退路，考虑的基点放在先让自己能够生存，再能够有所发展，以求东山再起上。

(二)大学生应对挫折的方法

大学生多数是刚刚从父母的庇护下走出家门的，社会实践少，经受的挫折不多。因此，目前大学生因应对挫折不良而产生的心理问题比较多。要正确应对挫折，一般分为以下五个步骤。

(1)承认已经发生的事实。事件已经发生，再也无法挽回。发生了的是取消不了的，盯住不放反而会越陷越深。应鼓励大学生向前看，该做什么就做什么。

(2)接受它、包容它。遇到不顺心的事，学会“想开点”，人生短暂，大学生有更重要的人生任务要去完成，不要在一些小事上消耗太多。

(3)积极转移注意力。转移注意力是克服挫折感的另一个有效办法。让自己去做一件事情，哪怕是很简单的事情，只要认真去做，就能把折磨人的忧虑从头脑中挤出去。

(4)直面最坏的情况。敢于直面自己所不愿看到的事实，是心理素质强的重要标志。不敢面对，往往由于两方面的原因：一是“鸵鸟心态”作怪——看到危险出现，就把脑袋埋到沙子里，以为这样危险就不存在了。二是在没有真正与所恐惧的事物接触之前，就把问题和危险无端放大，让想象的恐惧超越自己的承受能力。躲避问题的后果往往会使问题进一步恶化，错失解决问题的良机。大学生面对挫折时，要勇敢承受，并给予自我积极的心理暗示，这样就能使自己清醒、冷静，继而心生妙策。

(5)冷静分析，提出问题，解决问题。承受挫折，冷静下来后，给自己提出以下四个问题：①究竟发生了什么问题？②问题的起因何在？③有哪些解决的方法？④哪一个方法最适合解决此问题？当一个人能够冷静地提出问题，并积极寻求解决问题的方法的时候，他就开始化解挫折了。一个人只有敢于面对苦恼和命运，敢于同自身搏斗、挑战自己，才能够为人生开辟出坚定的道路。

五、大学生心理危机及其干预

(一)危机干预的概念

被大多数学者所接受的关于危机的定义是由美国心理学家卡普兰(G. Caplan)提出来的，其含义是：正常个体多维持在与其所处环境相平衡的状态，当个体碰到自认为不能解决的问题时，这种平衡就会被打乱，个体心理反应将因此变得越来越无目的性和无组织性，最后进入情绪危机的不平衡状态。简单地说，心理危机就是个体内部心理稳定的破坏。而危机干预就是从心理上解决迫在眉睫的危机，使症状得到立即缓解和持久的消失，使心理功能恢复到危机前的水平，并获得新的应付技能，以预防将来心理危机的发生。

在发生了应激性事件，个体不能解决问题时，就可能导致个体陷入心理危机出现之前的易感状态，与此同时，个体会出现心理失衡。这时，如果个体凭借自我努力去应付这种威胁却最终失败，将会导致个体无助和绝望感的形成。处于易感状态的个体可以体验到威胁、失落、恐惧和挑战感，同时也希望问题被解决。

(二)危机干预的措施

1. 危机干预的理论模式

贝尔金(Belkin)提出，目前心理咨询危机干预的理论模式有三种，即平衡模式、认知模式、心理社会转变模式。

平衡模式认为，危机状态下的受害者，通常都处于一种心理情绪失衡状态，他们原有的应对机制和解决问题的方法不能满足他们当前的需要。因此，危机干预的工作重点应该放在稳定受害者的情绪，使他们重新获得危机前的心理情绪平衡状态上。这种模式在处理危机的早期干预时特别适合。

认知模式认为，危机导致心理伤害的主要原因在于，受害者对危机事件和围绕危机事件的境遇进行了错误思维，而不在于危机事件本身或与危机事件有关的事实。该模式要求咨询师帮助受害者认识到存在于自己认知中的非理性和自我否定成分，重新获得思维中的理性和自我肯定的成分，从而使受害者能够实现对生活危机的控制。认知模式较适合于那些心理危机状态基本稳定下来，逐渐接近危机前心理平衡状态的受害者。

心理社会转变模式认为，分析受害者的危机状态，应该从内、外两个方面着手，除了要考虑受害者个人的应对能力外，还要了解受害者的同伴、家庭、职业、宗教和社区的影响。危机干预的目的在于将个体内部适当的应付方式与社会支持和环境资源充分地结合起来，从而使受害者能够有更多的解决问题方式的选择机会。

2. 危机干预方法

下面介绍一种危机干预六步法。

第一，明确问题。从受害者角度确定心理危机问题。这一步特别需要使用倾听技术。

第二，保证受害者安全。要把受害者对自己和他人的生理伤害和心理伤害的可能性减至最小。

第三，强调与受害者进行沟通与交流，积极、无条件地接纳受害者。

第四，提出并验证应对危机的变通方式。大多数受害者会认为自己已经无路可走。咨询师要帮助受害者了解更多解决问题的方式和途径，要帮助受害者充分利用环境资源，采用各种积极的应对方式，使用建设性的思维方式，最终确定能适当处理其境遇的现实选择。

第五，制订计划。在制订计划时，咨询师要充分考虑到受害者的自控能力和自主性，与受害者共同制订行动计划，以帮助其克服情绪失衡状态。

第六，获得承诺。咨询师要回顾有关计划和行动方案，并从受害者那里得到诚实、直接的承诺，以便受害者能够坚持实施为其制订的危机干预方案。

7.3 大学生常见精神疾病

随着社会的发展，竞争日益激烈，生活节奏越来越快。青年大学生正处在学业、择业、就业、恋爱、社会适应等重要的人生选择时期，面对的矛盾多，内心冲突大，情绪易波动，同时，他们的心理调节能力还不完善，容易产生心理障碍，在得不到有效识别和干预的情况下，甚至可能发展为精神疾病。本节简要介绍大学生中常见的精神疾病，主要内容包括：大学生神经症、大学生心境障碍以及大学生精神分裂症。

一、大学生神经症

神经症，旧称神经官能症，是一组精神障碍的总称。这些精神障碍的共同特征为：发病常与心理社会因素有关；患者病前多有一定的素质和人格基础；症状主要表现为脑功能失调症状、情绪化症状、强迫症状、疑病症状、分离或转换症状、多种躯体不适感等。这些症状在不同类型的神经症患者身上常常混合存在，患者没有器质性病变；患者无精神病性症状，对疾病有相当的自知力，疾病痛苦感明显，有求治要求，社会功能相对完好，行为一般保持在社会规范允许的范围之内；病程大多持续。正是这些共同的临床特征把这一组疾病放在同一个名称下沿用多年，至今尚无一个公认的更好的分类系统将其取代。大学生常见神经症包括以下几种。

(一)焦虑症

焦虑症以广泛而持续性的焦虑或反复发作的惊恐不安为主要特征，常伴有自主神经紊乱、肌肉紧张与运动性不安，临床分为广泛性焦虑障碍与惊恐障碍两种主要形式。过去几十年来，焦虑症曾被称为心脏神经官能症、激惹心脏、神经循环衰弱、血管运动性神经症、自主神经功能紊乱等。

广泛性焦虑障碍又称慢性焦虑症，是焦虑症中最常见的表现形式。患者缓慢发病，以经常或持续存在的焦虑为主要临床相，如过分担心、紧张、害怕等，还伴有自主神经功能紊乱症状，如口干、出汗、心悸、气急、尿频、尿急等，再如头痛、轻微震颤、坐卧不安等。

惊恐障碍又称急性焦虑症。患者常表现为在日常生活中无特殊的恐惧性处境下，突然感到一种突如其来的惊恐体验，伴有濒死感或失控感以及严重的自主神经功能紊乱症状。患者好像觉得死亡将至，或奔走、惊叫、四处呼救，常伴有胸闷、心动过速、心跳不规则、呼吸困难或过度换气、头痛、头昏、眩晕、四肢麻木和感觉异常、出汗、肉跳、全身发抖或全身无力等自主神经症状。惊恐障碍通常起病急骤，终止也迅速，一般历时5～20分钟，很少超过1小时，但不久又可突然再发。

案例点击

“我每次考试前都特别紧张，不知道为什么，有几次甚至把例假都吓回去了……”小何面对心理老师脸都红了，但还是勇敢地说了下去，“我发现我的这种不安越来越严重了，甚至晚上躺在床上想到什么事就浑身发抖、失眠，老往厕所跑。”

【专家点评】

考试焦虑是很多学生都会遇到的，适当的焦虑对学习和生活并无大碍。但如果过分地焦虑，并不能得到有效的调节，发展下去，将会影响到正常的学习及生活。

(二)强迫症

强迫症是以强迫症状为主要临床相的一类神经症。本病通常在青少年期发病，也有起病于童年期者。患者多数为缓慢发病，无明显诱因。其基本症状为强迫观念、强迫意向、强迫行为，可以一种症状为主，也可为几种症状兼而有之。以强迫观念最多见。强迫行为多系为减轻强迫观念引起的焦虑而不得不采取的顺应行为，常见的有强迫检查、强迫询问、强迫清洗等。强迫症的特点是有意识的自我强迫与反强迫同时存在，二者的尖锐冲突使患者焦虑和痛苦。患者体验到的冲动或观念来自于自我。患者意识到强迫症状是异常的，但无法摆脱。病程迁延的患者可表现为以仪式化动作为主，其精神痛苦减轻，但此时其社会功能明显受损。

案例点击

某高校的一名大学生近来时常一个人躲在宿舍不敢出门，辅导员找其谈话，才了解了真实情况。原来这位同学在与人交往时总是忍不住去看对方的眼睛，并老是觉得对方的眼神不友好或者带有一些异样，这些想法在他脑海里反复地折腾，甚至于过了一两周他还会反复思考为什么前些天有人用这样的眼神看自己，深陷其中不能自拔。他在与好友聊天时也知道这些想法没有必要，但就是控制不住。近来情况加剧到使其不敢出宿舍看人的程度了。

【专家点评】

强迫症的特点是有意识的自我强迫与反强迫同时存在，患者意识到强迫症状是异常的，但无法摆脱。

(三)恐惧症

恐惧症是指患者对某种客观事物或情境产生异乎寻常的恐惧和紧张，并常伴有明显的自主神经症状。患者明知这种恐惧反应是过分的或不合理的，但在相同场合下仍反复出现这种恐惧，难以控制，以致极力回避所恐惧的客观事物或情境，从而影响其正常活动。恐惧症恐惧的对象很多，见于文献的已有数百种。通常将其归纳为以下三大类。

(1)场所恐惧症，又称广场恐惧症、旷野恐惧症、聚会恐惧症等。主要表现为患者对某些特定环境的恐惧，如高处、广场、密闭的环境和拥挤的公共场所等。患者害怕离家或独处，害怕进入商店、剧场、车站或乘坐公共交通工具，因为患者担心在这些场所出现恐惧感，得不到帮助，无法逃避。患者因此竭力回避这些环境，甚至根本不敢出门。

(2)社交恐惧症，此类患者多在17～30岁发病，常无明显诱因，突然起病。主要特点是患者害怕被人注视，一旦发现别人注意自己就不自然，脸红，不敢抬头，不敢与人对视，甚至觉得无地自容，因而不愿社交，不敢在公共场合演讲，参加集会时不敢坐在前面。

(3)单一恐惧症，指患者对某一具体的物件或动物等有一种不合理的恐惧。最常见的为对某种动物或昆虫恐惧，如蛇、狗、猫、鼠、鸟、蜘蛛、青蛙、毛毛虫等。有些患者害怕鲜血或尖锐锋利的物品。还有些患者对自然现象产生恐惧，如黑暗、风、雷电等。

案例点击

小李，某高校二年级学生，走进心理治疗室，向心理老师倾诉了他的痛苦。原来，大约两周以前，小李外出购物，在走过一座天桥时，不经意地望了一下桥下穿梭的车辆，突然一阵头昏目眩，一种极度的恐惧涌上心头，似乎害怕自己从天桥上掉下去。从此之后，小李再也不敢过天桥，近一周甚至连爬封闭的楼梯也感到害怕和恐惧，只要上到高一点的地方，就肌肉紧张，头脑一片空白。

【专家点评】

案例中小李所患即为场所恐惧症。

(四)躯体形式障碍

躯体形式障碍的主要特征是患者反复陈述其躯体症状，不断要求给予其医学检查，却无视反复检查的阴性结果，不相信医生的无躯体疾病的再三保证，同时，患者又确实存在某种躯体障碍症状，却不能解释症状的性质或痛苦程度。躯体形式障碍包括躯体化障碍、未分化的躯体形式障碍、疑病障碍、躯体形式的自主功能紊乱、躯体形式的疼痛障碍等。这里仅介绍疑病障碍。

疑病障碍又称疑病症，在神经症中相对少见，主要临床表现是患者担心或相信自己患有某种严重的躯体疾病。患者对自身的健康状况或身体的某一部分过分关注，其关注程度与其实际健康状况很不相称。患者经常诉述不适，并四处求医，但各种客观检查的阴性结果和医师的解释均不能打消患者的疑虑。对身体畸形(虽然根据不足甚至毫无根据)的疑虑和先占观念也属于本症。

有关疑病症的预后，很少有系统的观察报告。一般认为，有明显精神诱发因素、急性起病者，预后良好。若起病缓慢，病程持续两年以上，呈慢性迁延者，预后较差。

案例点击

某大学生近日常觉得身体不舒服，不是担心心脏出问题了，就是担心大脑细胞死亡太多了，整天惶惶不可终日。远在家乡的父母知道后，赶紧赶到学校，陪其去某三甲医院做检查，可是心内科、脑内科、神经内科等都检查了，就是查不出一点问题，但该大学生依然觉得一定是这家医院的医疗水平不好。后来，一位老神经内科的医生建议其可以去心理门诊或者精神科看看。

【专家点评】

案例中大学生患的即为躯体形式障碍。

(五)神经衰弱

神经衰弱是美国神经病学家乔治·伯纳德(G. Beard)于1869年提出的，他当时认为神经衰弱是一种原因不明的器质性障碍，主要表现为疲劳、头痛、食欲差以及其他70多种的躯体症状和心理症状，其中的核心症状是疲劳。神经衰弱者大多缓慢发病，症状呈慢性波动，症状的消长常与心理冲突有关。因此，具有易感素质的个体如果生活中所遇应激事件多，其疾病就往往波动且病程迁延，难于彻底痊愈。

(六)癔症

癔症又称歇斯底里症，是由于明显的心理因素，如生活事件、内心冲突或强烈的情绪体验、暗示或自我暗示等，作用于易感个体而引起的一组病症。临床主要表现为感觉障碍、运动障碍或意识改变状态等，而缺乏相应的器质性基础。症状具有做作、夸大或富有情感色彩等特点。该病症有时可由暗示诱发，也可因暗示而消失，有反复发作的倾向。

该病患者多在精神因素的促发下急性起病，并且病情迅速发展到严重程度。该病临床表现复杂多样，归纳起来可分为下述三类。

1. 癔症性精神障碍

癔症性精神障碍又称分离性障碍，是癔症较常见的表现形式，包括意识障碍、情感爆发、癔症性痴呆、癔症性遗忘、癔症性精神病等。

2. 癔症性躯体障碍

癔症性躯体障碍又称转换性障碍，表现为运动障碍与感觉障碍，其特点是多种检查均不能发现患者神经系统和内脏器官有相应的器质性损害。

3. 癔症的特殊表现形式

流行性癔症或称癔症的集体发作，是癔症的特殊形式，多发生在共同生活、经历和观念基本相似的人群中。起初为一人发病，周围目睹者受到感应，在暗示和自我暗示下相继出现类似症状，短时内爆发流行。这种发作一般历时短暂，女性较多见。其他还有赔偿性神经症、职业性神经症等，有人认为这些也属于癔症的特殊表现形式。

二、大学生心境障碍

心境障碍又称情感性精神障碍，是以显著而持久的情感改变或心境改变为主要特征的一组疾病。临床上主要表现为患者情感高涨或低落，伴有相应的认知和行为改变，可有精神病性症状，如幻觉、妄想。大多数患者有反复发作的倾向，部分患者可出现残留症状或转为慢性症状。

心境障碍的临床表现主要有以下几种。

(一)躁狂发作

躁狂发作的典型临床症状是情感高涨、思维奔逸和活动增多。情感高涨患者主观体验特别愉快，自我感觉良好。思维奔逸患者表现为联想过程明显加快，自觉思维非常敏捷，思维内容丰富多变，头脑中的概念接踵而至，有时感到自己的舌头在和思想赛跑，言语跟不上思维的速度，常表现为：言语增多，但讲话的内容较肤浅，且凌乱不切实际；活动增多，表现出精力旺盛，兴趣范围广，动作快速、敏捷，活动明显增多，且忍耐不住，整天忙忙碌碌，但常常做任何事都是虎头蛇尾、有始无终，结果一事无成。

(二)抑郁发作

抑郁发作在临床上是以情感低落、思维迟缓、意志活动减退和躯体症状为主。情感低落主要表现为患者显著而持久的情感低落、抑郁、悲观。典型的患者其抑郁心境具有晨重夜轻的节律特点，即情绪低落在早晨较为严重，而在傍晚时有所减轻，如出现这些表现，则有助于诊断该病。思维迟缓表现为患者思维联想速度缓慢，反应迟钝，思路闭塞，主动言语减少，语速明显减慢。意志活动减退表现为患者的意志活动呈显著、持久的抑制。躯体症状常见的主要有睡眠障碍、食欲减退、体重下降、性欲减退、便秘、身体任何部位的疼痛、阳痿、闭经、乏力等，躯体不适可涉及各脏器。

(三)混合发作

混合发作是指躁狂症状和抑郁症状在一次发作中同时出现，在临床上较为少见，通常是在躁狂与抑郁快速转相时发生。例如，一个躁狂发作的患者突然转为抑郁，几小时后再复躁狂，使人得到“混合”的印象。患者既有躁狂的表现，又有抑郁的表现。如一个活动明显增多、讲话滔滔不绝的患者，同时有严重的消极、抑郁的想法；又如有抑郁心境的患者可有言语和动作的增多。但这种混合状态一般持续时间较短，多数患者较快转入躁狂相或抑郁相。混合发作时，临床上，患者的躁狂症状和抑郁症状均不典型，容易被误诊为分裂情感障碍或精神分裂症。

(四) 环性心境障碍

环性心境障碍是指患者情感高涨与低落反复交替出现，但程度较轻，且均不符合躁狂或抑郁发作时的诊断标准。轻度躁狂发作时，患者表现为十分愉悦、活跃和积极，且在社会生活中会做出一些承诺。但转变为抑郁时，患者不再乐观、自信，而成为痛苦的“失败者”。随后，患者可能回到情绪相对正常的时期，或者又转变为轻度的情绪高涨。患者心境相对正常的间歇期一般可长达数月。该病主要特征是患者持续性心境不稳定，这种心境的波动与生活应激无明显关系，而与患者的人格特征有密切关系，过去有人将该病患者称为“环性人格”。

(五)恶劣心境障碍

恶劣心境障碍是指一种以持久的心境低落状态为主要表现的轻度抑郁。患者从不出现躁狂，常伴有焦虑、躯体不适感和睡眠障碍。患者有求治要求，但无明显的精神运动性抑制或精神病性症状，生活不受严重影响；躯体症状诉说也较常见；睡眠障碍以入睡困难、噩梦、睡眠较浅为特点。患者常伴有头痛、背痛、四肢痛等慢性疼痛症状，还存在自主神经功能失调症状，如胃部不适、腹泻或便秘等，但无明显早醒、昼夜节律改变及体重减轻等生物学方面改变的症状。

案例点击

因参加班集体活动时被同学拒绝，18岁的女生苗苗患上抑郁症——极度自卑，感觉人生完全没有意思，严重失眠，甚至连续三四天没有睡觉，并试图自杀过。“同学们瞧不起我，我觉得自己一点用也没有了。”苗苗回忆自己的经历时说。在大一的一场新年联欢晚会中，“女子三人篮球接力赛”引起了苗苗的兴趣，她向班干部说她想参加。“我们人已经够了”，班干部一句不经意的回答如同一盆冷水泼在苗苗的头上。“他们瞧不起我，我什么也不行”，从此苗苗独来独往，与同学们越来越疏远。

【专家点评】

案例中的苗苗患有恶劣心境障碍。

案例点击

大三学生小云上个月因父亲突然病逝，情绪变得极度抑郁，茶饭不思，失眠，总是独自哭泣，以前喜欢唱歌、打羽毛球的她对这些再也提不起兴趣。后经老师劝说，小云在校附属医院就医两周。近几天来，小云突然情绪高亢，经常与室友、同学嬉笑打闹，同学们以为她好了，可后来总是觉得哪里不对劲。以前谦虚、娴静的小云现在每天在同学中吹嘘自己多了不起，一讲起话来就滔滔不绝，让人无法插嘴，甚至家境并不富裕的她现在成天说要请这个吃饭、请那个去玩，室友甚至发现三四天来每天晚上小云都没有入睡，而是一个人在喃喃自语，好像很兴奋的样子。

【专家点评】

案例中的小云患有明显的双相障碍。

三、大学生精神分裂症

精神分裂症是一组病因未明的精神疾病。患者具有思维、情感、行为等多方面的障碍，以精神活动和环境不协调为特征。患者通常意识清晰，智能尚好。部分患者可出现认知功能损害。该病多发病于青壮年，患者常缓慢发病，病程迁延，有慢性化倾向和衰退的可能。但部分患者可保持痊愈或基本痊愈状态。

其主要临床表现有以下几点。

(一)感知觉障碍

精神分裂症最突出的感知觉障碍是幻觉，以幻听最为常见。精神分裂症的幻听内容多半是争论性的，如患者幻听到两个声音议论自己的好坏；或评论性的，如患者幻听到有声音不断对自己的所作所为评头论足。

(二)思维及思维联想障碍

1. 妄想

妄想的荒谬性往往显而易见。也许在疾病的初期，患者对自己的某些明显不合常理的想法还持将信将疑的态度，但随着疾病的进展，患者逐渐与病态的信念融为一体。最常见的妄想是被害妄想与关系妄想。

2. 被动体验

精神分裂症患者常常会出现精神与躯体活动自主性方面的问题。患者丧失了支配感，感到自己的躯体运动、思维活动、情感活动、冲动都是受人控制的，有一种被强加的被动体验，常常描述自己的思考和行动身不由己。被动体验常常会与被害妄想联系起来。

3. 思维联想障碍

要想同该类型的患者深入交谈，往往会十分困难。患者在交谈时，经常游移于主题之外，尤其是在回答医生的问题时，往往词不达意，令听者抓不住要点(思维散漫)。病情严重者，言语支离破碎，根本无法交谈(思维破裂)。

4. 思维贫乏

根据患者言语的量和言语内容加以判断，该类型的患者语量贫乏，缺乏主动言语，在回答问题时异常简短，多为“是”或“否”，很少加以发挥。同时，患者在每次应答问题时总要延迟很长时间。即使患者在回答问题时语量足够，内容也含糊、过于概括，传达的信息量十分有限。

(三)情感障碍

情感障碍主要表现为患者情感迟钝或平淡。情感障碍并不仅仅表现为患者表情呆板、缺乏变化，还表现为患者自发动作减少、体态语言缺乏，患者对亲人感情冷淡，亲人的伤病痛苦对患者来说无关痛痒等。

(四)意志与行为障碍

1. 意志障碍

意志是人自觉地确定行动的目的并支配自己行动，以实现预定目的的心理过程。它从人的行为中得到表现，受到人的思维、情感的支持、社会文化、个体人格特征的影响。意志障碍主要有意志增强、意志减弱、意志缺乏三种类型。

2. 行为障碍

行为障碍是各种心理过程障碍的结果，可由各种原因产生。通常按其表现分为精神运动性抑制与精神运动性兴奋两类。精神运动性抑制指不但有动作阻滞，还有言语抑制。主要表现有木僵、违拗症、刻板言动或刻板症、模仿症、作态等。精神运动性兴奋指言语动作均见增多者，分为协调性精神运动性兴奋和非协调性精神运动性兴奋。

安全知识

大学生心理危机干预的途径和方法

大学生心理危机干预需要多个部门共同合作，需要通过多个渠道进行解决。下面列举了一些大学生心理危机干预的途径和方法。

1. 多渠道构建大学生心理危机干预立体支持系统

(1)学校。有针对性地解决学生的心理问题，为社会培养合格的人才，是学校的义务与责任。目前全国高校专业性的学生心理咨询中心并不多，无论社会与学校，建立优化大学生良好心理的成长环境，搞好心理辅导与咨询这项工作还大有文章可做。

(2)班集体。每一位在校大学生都被组合在不同的某一个班级内，班内同学彼此熟悉，没有较大的距离感。因此，加强班主任、辅导员的责任，让班干部发挥应有的心理辅导、引导作用，在班内建立一些爱心小组，同学间互帮互助，这种对心理的关爱往往能落到心坎上，能让人动情、感触深，甚至终生难忘。

(3)家庭。做父母的不能因为孩子上大学了就认为其已长大成人了，不愿管也不想管了，或者怀着一种想管但又管不住的无奈心态。家庭应该而且必须配合学校，继续关心青年学生的成长，父母有责任了解与关心自己孩子的心理问题，尤其在一些易导致年轻人情感纠葛的问题上，家庭的处理往往比其他机构更有效。

2. 多层次构建大学生心理危机干预立体支持系统

(1)心理咨询专家。心理咨询专家是多层次构建大学生危机干预立体支持系统的关键，高校心理咨询专家为高起点、高水平地开展心理危机干预提供了有力保障。成功实施心理危机干预，最终要靠心理咨询专家。所以，高校要拥有一支专门从事大学生心理咨询工作的专家学者队伍。

(2)学生政工队伍。高校学生政工队伍是多层次构建大学生心理危机干预立体支持系统的重要基础，因为他们是大学生心理危机干预的第一道防线。高校要重视对学生工作人员，特别是针对辅导员和班主任进行心理健康教育的培训，使他们在日常思想教育过程中能够帮助学生解决一些心理问题，提高心理健康教育水平。

(3)各学科教师。高校所有的教职员工特别是任课教师，都负有关心大学生心理健康、主动做好大学生心理健康教育工作的责任。要把这方面工作的情况列入考核内容之中。教师如果只知道埋头教书，不关心学生的其他问题，那肯定不是一个称职的教师。我们强调教书育人，就是要关注学生的全面成长，关心他们的学业，也要关心他们的身心健康。学科专业教师在对学生进行心理健康教育时有一定的优势，他们在传授专业知识的同时，完全可以教育学生怎样做人、怎样对待学习生活中遇到的一些心理困惑现象。

(4)学生骨干。高校要充分发挥学生骨干离同学最近、最了解同学的优势，及时、准确地收集和反馈信息，积极协助学校和老师开展危机干预的基础性工作。学生骨干在大学生心理危机干预中能够起到其他人员不可替代的作用。我们不仅要在每个班级设立心理健康宣传员，而且要在每个寝室设立心理委员，对他们定期开展专业培训。同时还要重视建立学生心理互助机制，调动学生自我教育的能动性，如帮助学生建立心理健康协会等学生社团，支持学生开设心理互助热线等。

(5)其他人员。高校要对全校宿舍管理员、食堂工作人员、图书馆工作人员，以及部分院系教师和学生社团成员进行有针对性的心理健康教育专题培训和讲座，使他们掌握与大学生互动和提供服务的态度和技巧，具备心理危机识别意识和能力，增强主动关爱学生和特殊群体的意识。

3. 多形式构建大学生心理危机干预立体支持系统

(1)专业医疗机构。心理问题有大有小，如果问题严重，上升到精神疾病，就必须到专业心理医疗机构去治疗。

(2)学校专业心理咨询中心。一般的心理问题如学业恐惧、内心猜疑、梦幻、胆怯、单相思、对某一问题看不顺眼等引起的心理障碍都可到此中心得到咨询、引导、辅导。通过心理交流，可使心理问题得以消除，心境恢复平和。心理咨询中心的工作人员部分是专职的，部分是兼职、特聘的，专职人员负责日常的心理知识普及与心理咨询辅导，而一些兼职、特聘的多为专家、知名人士，可以集中开办一些讲座，开展一些大型心理咨询活动，解决一些重要疑难心理问题。

(3)业余心理咨询机构。如心理协会、爱心小组、俱乐部、心灵热线、声讯电台等，它们也可以协助专业机构做一些心理辅导、咨询工作。

知识汇总

1. 心理健康的概念

心理健康是指这样一种状态，即人对内部环境具有安定感，对外部环境能以社会上的任何形式去适应。也就是说，遇到任何障碍和困难，心理都不会失调，都能以适当的行为予以克服，这种安定、适应的状态就是心理健康的状态。

2. 大学生心理健康的标准

大学生心理健康的标准包括：智力正常、情绪健康、意志健全、人格完善、自我评价正确、人际关系和谐、社会适应正常、心理行为符合大学生的年龄特征等。

3. 大学生学习心理问题及其预防

大学生学习心理问题预防的内容包括：克服学习无助感，提高自我效能感；调适并集中注意力；学习挫折的自我心理调适方法。

4. 大学生人际交往心理问题及其预防

大学生人际交往问题包括：社交恐惧症；自我封闭；渴望交往，但困难重重；交往热火，但缺少知心朋友；交往平淡，浮于表面。

5. 大学生情绪问题及其预防

大学生情绪问题包括：自卑、抑郁、焦虑、冷漠、愤怒、忌妒。

6. 情绪管理的步骤

情绪管理的步骤有：①觉察自己的情绪。②了解情绪的成因。③缓和与转换情绪的方法。

7. 与大学生挫折相关的因素

与大学生挫折相关的因素有：人际交往、学习、恋爱、求职就业。

8. 危机干预方法

危机干预方法有：明确问题；保证受害者安全；强调与受害者进行沟通与交流，积极、无条件地接纳受害者；提出并验证应对危机的变通方式；制订计划；获得承诺。

9. 大学生常见的精神疾病

大学生常见的精神疾病包括神经症、心境障碍和精神分裂症。

神经症包括：焦虑症、强迫症、恐惧症、躯体形式障碍、神经衰弱、癔症。

心境障碍表现为：躁狂发作、抑郁发作、躁狂与抑郁混合发作、环性心境障碍、恶劣心境障碍。

精神分裂症表现为：感知觉障碍、思维及思维联想障碍、情感障碍、意志与行为障碍。

专题八 实践与求职安全

8.1　实验教学的安全

8.2　实习安全

8.3　大学生求职安全

实验是大学生在校期间理论和实践相结合的最直接方式，是培养大学生实践能力的重要环节，也是检验所学理论知识是否扎实的最直接办法。通过对大学生实验技能的培养和训练，让学生了解并掌握科学实验和实际操作的主要过程与方式方法，领悟实验的科学内涵，奠定科学研究和实际操作的基础。但是在实验过程中，如果操作不规范或违反操作规定，就可能导致安全事故，甚至造成人身伤亡。所以，了解和掌握必要的实验和实验室的安全知识非常必要。

近年来，各地以培养应用型本科人才为目标，大力推进工学结合的人才培养模式，校外实习的比例明显增多。同时，就业问题成了各大高校的重要工作。因此有必要学习校外实习与就业安全知识。

8.1 实验教学的安全

案例点击

2015年12月18日上午10时10分左右，某大学一名做实验的学生因为没有意识到氢气泄漏，在高温试验的过程中引发氢气爆炸，造成火灾事故，学生当场死亡。

【专家点评】

实验教学安全事故不仅影响正常的教学秩序和教学任务，还严重威胁师生的人身安全和国家的财产安全。

实验教学对培养大学生的实践能力和研究能力具有重要的意义。实验室安全事故包括火灾、爆炸、中毒、触电、细菌感染、电磁辐射、烫伤、灼伤等。为了消除这些安全隐患，大学生要加强实验安全知识的学习，懂得如何规避和处理实验教学中的安全问题。

一、防火灾、防爆炸

实验教学中发生火灾甚至爆炸的原因有很多。比如，在实验室抽烟，乱扔烟头，接触易燃物；供电线路老化、短路、超负荷运行；忘记关电源，致使通电时间过长、电器温度过高和电线发热；电器操作不慎或使用不当；易燃物品保管或使用不当；不遵守实验室安全管理规程，违反操作规则，实验中擅自离开等。

预防事故的关键之一就是严格规范操作。遵守实验室安全管理规定，协助管理人员检查和维护实验设备，提高安全防范意识，不仅是对实验室秩序的维护，更是对安全负责。实验室防火灾、防爆炸，要做到以下几点。

第一，学习消防安全知识，强化安全意识。

第二，实验过程中如需使用电炉或其他明火，必须远离可燃物和易燃易爆化学物品，使用中要时刻注意消防安全，停电或停用后要及时切断电源。

第三，进行可能发生爆炸的实验，必须在特殊设计的防爆炸的地方进行，并注意避免发生爆炸时，爆炸物飞出伤人或飞到有危险品的地方。使用爆炸性物品要避免撞击、强烈振荡和摩擦。

第四，使用微波炉加热，不可将铝箔等金属物品放入其中，瓶盖必须松开，以免爆炸。加热后戴防热手套取出瓶子，务必轻轻摇晃，确认不会沸出。此外，灭菌釜、电磁炉、干浴器等，使用前应熟悉操作程序，以防爆炸或烫伤。

第五，涉及易挥发和易燃物质的实验，都应在远离火源的地方进行，最好在通风橱内进行。

第六，加热试管时，不要将试管口对着自己或别人，也不要俯视正在加热的液体，以免液体溅出受到伤害。

第七，使用高压容器实验，要严格检查，防止气体和液体泄漏；高压容器严禁暴晒，并远离热源；容器充装不宜过满，且必须专瓶专用，不准随意充装其他气体，并要设有明显的识别标志。

第八，散落的易燃易爆物品必须及时清理，含有燃烧、爆炸性物品的废液、废渣应妥善处理，不得随意丢弃。

第九，内部含有可燃物质的仪器，实验完成后，应注意彻底清除。

一旦发生火灾，立即拨打“119”火警电话，报告火灾发生的具体地点；同时在保证自身安全的前提下，利用身边的灭火器进行灭火。

二、防菌、防中毒、防腐蚀

高校实验室的中毒事故多发生在具有化学药品和剧毒物品的化学、化工、生化实验室和具有毒气排放的实验室。实验室发生中毒腐蚀等事故的原因有很多。比如，违反操作规程，将食物带进有毒物品实验室或食物与有毒物品放在一起，造成误食；因管理不善，造成毒品散落流失，引起环境污染；排风、排气不畅，毒气难以散出，致使未离开实验室人员中毒；废水排放管路受阻或失修改道，造成有毒废液流出，致使环境污染，引起中毒；没有按规定穿防护服装、戴防毒面具等进行有效防护。

防菌、防中毒、防腐蚀要做到以下几点。

第一，正确、全面地认识剧毒物品的危害性和使用方法，试剂需要多少领多少，剩下的要退还或在实验室里妥善处理好，不能出于好奇或其他目的私自领取存放。

第二，能产生有刺激性或有毒气体的实验，都应在通风橱内进行，闻气体时，应用手轻拂气体，把少量气体煽向自己再闻。

第三，有毒试剂不得放进嘴里或接触伤口，也不能随便倒入下水道，应回收统一处理。

第四，稀释浓硫酸时，应将浓硫酸慢慢注入水中，并不断搅拌。切勿将水倒入浓硫酸中，以免溅出，造成灼伤。

第五，接触病源材料或细菌后，应迅速消毒。所有被污染的物品，在丢弃或重复使用前均需先灭菌，欲高压灭菌的物品，应放在专用的收集桶内。

第六，接触血液、感染性物质、动物、污染表面或设备的操作，宜戴大小合适、柔软舒适的手套。可能发生感染材料溢出、溅出的操作，应戴两副手套。穿戴前检查有无破损、污染。

第七，接触可能具有或具有传染性的物质后，操作人员及接触过实验室设备的参观者离开实验室前均应洗手。除此之外，进食前、接触患者前后、如厕前后应洗手，某些不设洗涤槽的地方应用无水产品洗手。

第八，无菌操作台内的酒精有机溶剂及易燃物要远离火苗，不可留置火焰燃烧。酒精或乙醚等着火时，应使用泡沫灭火器或湿毛巾覆盖，切勿用水灭火。

第九，细菌培养液，虽非病原菌，但含某些抗药性的质体，随意倒弃，会引起环境中抗药菌的繁殖，造成生态问题。故与细菌接触过的器皿、菌液、培养基等，须经过高压灭菌后才可丢弃。用过的针头和其他污染锐器如刀片、破碎的玻璃片等物品应集中放在一个带盖的耐扎的容器中，先高压灭菌再焚烧或直接焚烧。

第十，实验室中一次性使用的污染材料，可高压灭菌后焚烧或直接焚烧；可反复利用的、已被污染的材料，应先消毒再高压灭菌或直接高压灭菌。灭菌后的材料经洗涤、干燥、包扎，再灭菌后使用，不提倡用干热法处理生物废物，用微波、紫外线、离子辐射等方法处理也不合适。

三、防触电、防辐射

实验室的电线、电气设备比宿舍和家用的要复杂一些，实验室人员防触电的意识应该更强一些。实验室防辐射的范围也比较广，如电磁辐射和放射性辐射。放射性物质能自发放射穿透力很强的射线，这种射线是人的感官所觉察不到的，必须采用特殊仪器才能测定出来。一般来讲，人体受到某种微量放射性物质的轻微辐射并不影响健康，只有当辐射达到一定剂量时才出现有害作用。放射性物质进入环境中后，可造成对大气、水体和土壤的污染。长期受到放射物质辐射的人群，各种癌症发病率明显高于正常人群。放射性物质还可以通过食物链，经消化道以及呼吸道进入人体，对人体产生内辐射，损伤人体的组织器官。

防触电防辐射要做好以下工作。

第一，实验前，要对各种移动电器和线路认真检查，确保绝缘性能良好。所有电工工具应有良好的绝缘手柄，所有用电器外壳应接上地线。

第二，电线或电器盒盖破损要及时修复，以免高压导线裸露伤人。

第三，学生在实验中接触放射性物质时，应将放射性物品存放在防辐射箱内，使用完后必须及时入库保管。

四、防创伤、防噪声

有些理工类专业往往会开设金工实习，在实验室进行金工等操作时，由于操作不当，也会导致一些意外伤害事故的发生。

同时，类似实验也会产生较大噪声，长期生活在噪声很大的环境中，人会感到疲惫不安，思想不集中，甚至造成耳鸣、耳聋等严重后果。

在进行金工等实验时，要注意以下几方面。

第一，在较大噪声环境中进行实验时，应注意个人防护，如戴耳塞、耳罩、耳棉等。

第二，进行弹、喷、射击等实验时不能对着人，以防伤人。

第三，用钻孔器、锥子、针等切割和穿透物品时，不应以另一只手给物品作垫层，以免穿透时被机械击伤。

第四，不能把手插进螺孔或管子中，以防毛刺刮伤。

第五，要正确使用玻璃器材。

第六，备好急救药品箱，结合实验室一般伤害配备药品，以备急用。

安全字典

我国健康安宁的环境噪声参考标准

单位：分贝

使用范围	理想值	极限值
睡眠	35	50
交谈、思考	45	60
听力保护	75	90

8.2 实习安全

案例点击

广东某医学院的学生张某，在省中医院实习期间，为全面观摩一名消化道出血病人的抢救过程，匆匆为一名年老体弱的病人输液。药物为须慢滴的氨茶碱，但该同学却使用了每分钟50多滴的滴速。幸亏巡查医生及时发现并给予纠正，否则极有可能发生医疗事故。

【专家点评】

实习是大学生职业生涯的前奏，实习的好坏直接影响到学业成绩的高低和就业经验的积累。即将或正在进行实习的大学生，切记要重视实习安全。

大学学习期间，根据专业教学计划安排，学生需要离开校园到有关企事业单位，特别是到工矿企业或野外实习，在此期间，学生也应该注意做好各项安全防范工作。

一、生产实习的安全

生产实习的危险因素分为环境因素和个人因素两种。环境因素有工厂环境不良、防护装置缺损等；个人因素有不知、不理、粗心、失检等方面。不知即对所从事工作的操作规程和危险性不知晓；不理即明知所从事工作的操作规程和危险性，但在实际操作中不理会；失检是指在工作中非法操作、违规操作而导致伤害事故的发生。因此，学生在生产实习过程中，一定要听从实习教师的指导，严格遵守实习单位的规章制度，特别要遵守实习单位的安全生产操作规程。

第一，进生产车间实习时应穿工作服，戴安全帽，穿胶鞋或运动鞋，不能穿拖鞋、高跟鞋。女同学应将头发放在安全帽里面。

第二，学生跟班实习时应勤看、多问，严禁私自动手操作设备。尽量不要靠近高速运转的设备部件，尤其不要站在该部件运转的同一平面内。

第三，严禁在危险场所停留。未经指导老师允许，不得到与实习无关的场所活动，不得在污染严重、不利身心健康的场所逗留。

第四，在车间内实习时，不要在车间内组织与实习无关的各类活动；工作期间，注意力一定要集中，切不可一边操作一边嬉戏、打闹。

第五，严格遵守各工种工作人员及机械安全操作规程。

二、教育实习的安全

师范生教育实习的环境相对安全，但要确保顺利完成授课任务和班主任见习工作，也要注意以下几个方面的问题。

第一，任教期间，实习教师对学生要一视同仁，不能体罚学生。对犯错误的学生不能打骂和讽刺挖苦。因教师体罚和讽刺挖苦而导致学生离家出走甚至自残、自杀的案例较多。

第二，各学校为防止学生发生意外伤害事故，一般不提倡组织学生参加竞争激烈、管理难度大的活动，组织文体活动要全面考虑安全因素。实习教师为了满足学生的要求，往往同意组织一些文体活动而忽视事故隐患。一旦在文体活动中出现学生受伤或其他意外事故，则会给学校和实习教师带来极大的麻烦。实习教师在组织学生活动时一定要把安全因素考虑全面，确保万无一失。

第三，游泳、旅游和野营等活动可预见和不可预见的危险都很大。学校一般不会组织这类活动，教育主管部门也三番五次强调，不提倡学校组织学生集体旅游、游泳和野营等活动。因此，实习教师在实习期间，切勿擅自组织此类活动。

三、实习期间的生活安全

(一)预防途中被盗

车、船上是最容易发生财产安全事故的场所。大学生外出实习，在旅途中一定要特别注意自己的财产安全。

(1)在车、船上应尽量将自己的行李物品集中放在随时看得到的地方，防止犯罪分子顺手牵羊或偷梁换柱。

(2)要事先准备好零用钱，将暂时不用的钱和贵重物品放在可靠的地方。不要当众频繁打开钱包，以免引起犯罪分子的注意。

(3)车(船)到站(码头)，或自己周围较为混乱时，要特别注意自己的物品，防止有人浑水摸鱼。

(4)不要把东西交给不认识的人看管。

(二)预防上当受骗

学生长期生活在校园里，对在校园中容易发生的骗局比较熟悉，如冒充老乡、朋友进行诈骗，冒充学生管理人员进行诈骗等。出行在外，学生对社会上各种各样的诈骗行为缺少防范意识。丢包诈骗、套红蓝笔、易拉罐中奖、人民币换美元等都是诈骗分子常用的手段。

(三)人身安全

1. 预防交通事故

交通事故中，人员伤亡是最常见、最直接、最严重的损失。为确保人身安全，大学生在外出实习时除了要加强交通法规的学习，还要注意以下几点。

(1)乘坐长途车(船)应尽量在正规的车站(码头)购票上车。

(2)不要乘坐严重超载的车(船)。

(3)不要乘坐状况不好的车(船)。

(4)在乘车(船)时不要把手、头伸出窗外。

2. 预防食物中毒

(1)精心选择与鉴别食品质量的优劣，是预防食物中毒的重要措施，对于不明性质的食物，不要轻易购买或食用。

(2)注意食品卫生，妥善保管好食品，避免苍蝇叮爬。

(3)食品存放时间不宜过长。即便是存放在冰箱中的食物，也一样有被细菌、毒素污染的可能。

3. 预防火灾

学生外出实习，住在实习地点，因脱离了学校，一方面缺少了校内住宿时各种规章制度的约束；另一方面生活中的方方面面都需要自己打理，如做饭、烧水等。因此，实习学生必须强化对火灾的防范意识。

8.3 大学生求职安全

生活中每个人都在追求自己的幸福，都在尽力实现自己的人生价值，都想拥有一种理想的生活。就业、工作是每个人走到一定的人生阶段不可避免的人生话题，大学生从迈进学校的那一刻起，就在为自己的人生目标不懈地努力、学习、工作，然后为社会做出自己的贡献。然而，对于长期处在学校中成长学习的大学生来说，没有经过社会的磨炼，没有经历过社会的坎坷，在潜意识中没有对社会不安全因素的防范意识，这样走入社会的大学生往往成为众多社会不安因素困扰的对象。从学校走入社会、由学生转变为社会中人，在这个过程中大学生会遇到各种各样的问题与困难，甚至某些问题会长久地困扰大学生的工作、生活。大学生刚刚走出校门或者还没有走出校门就遭遇就业欺诈，对于大学生来说损失的不仅仅是钱财，这还将直接影响到他们的心理和以后就业，对于他们形成正常的人格心理可能产生消极影响，甚至产生对社会的畏惧感。因此，如何保证大学生就业安全就成为一个迫切需要解决的问题。

8-1 试工阶段常见安全问题

一、防止误入传销组织

传销自 20 世纪 90 年代传入我国后，一些不法分子顺风跟进，他们打着直销的招牌，招摇撞骗，怂恿被游说的对象交纳高额入会费或认购价格高昂的假冒伪劣商品，加入到传销队伍中来。在整个传销网络中，真正受益的只是那些处在传销“金字塔”网络顶端的极少数人，绝大部分传销人员不仅没有挣到钱，到最后反而血本无归，有的甚至倾家荡产、妻离子散。

1. 传销的含义

中华人民共和国国务院令第 444 号公布的《禁止传销条例》中定义了传销的含义：传销是指组织者或者经营者发展人员，通过对被发展人员以其直接或者间接发展的人员数量或者销售业绩为依据计算和给付报酬，或者要求被发展人员以交纳一定费用为条件取得加入资格等方式牟取非法利益，扰乱经济秩序，影响社会稳定的行为。

2. 大学生应该警惕的传销常用手段

尽管国家三令五申严厉打击，可是以暴利为诱饵欺骗他人非法推销劣质或走私商品、大肆偷逃税款的传销活动仍然猖狂，发展到今天，其手段更加隐蔽，危害性也更大。那么，非法传销的魔力到底在哪里？通过对传销培训教材的曝光，彻底展示了传销组织完整的欺骗链条。这些教材不仅极富煽动性和欺骗性，而且具有很多心理学的要素，极易诱人上当。教材编织的链条程序大体是这样的：要把新人骗进传销组织，程序大致分为列名单、电话或书信邀约、摊牌、跟进直至胁迫加盟几个步骤。

(1)揣摩心理列名单。所谓列名单，也就是盘算一下，哪些人是可以骗来的对象。传销人员的笔记中这样写道："在这里面包括这样几类对象，亲戚类，如兄弟姐妹；朋友类，如同学、同事、同乡、同宗、同好；邻居类，如前后左右邻居；其他认识的人，如师徒、战友等。"其中那些急于改变现状的人，是传销组织网罗的主要人选。

(2)巧言邀约设骗局。列好名单后则进入第二步——邀约。通过写信或打电话等方式，邀请别人加入。他们深知传销的名声太坏，在教材中就规定了打电话时的"三不谈"，即不谈公司、不谈理念、不谈制度。总之，不谈传销的真相。只是根据对方的心态、特长、背景等特点，给出一个甜蜜的诱惑。为了提高骗人的成功率，教材上连打电话时的语气都有所规定，如谈话的时候兴奋度要高，语言要清晰，语气肯定不含糊，给对方以信任的感觉，说出的话具有一种神秘感，让对方无据可查，不正面回答对方的提问，不具体解释自己的话题等。

在上述种种游说和谎言的欺骗下，如果对方被说动了心，愿意加入，下一步就是接站。

传销组织对接站的整个程序乃至神态和衣着也有明确规定。传销组织接站人一进车站与对方见面的时候，多是热情地跑上去几步，要先握手。同时，一定要衣着光鲜，给人一种有一定的社会地位的错觉，并且在礼节上给予周到和关心，使人放下戒备，产生亲近感。

(3)摊牌翻脸相胁迫。不管之前说得如何天花乱坠，美丽的谎言总要被揭穿，传销组织把其称作"摊牌"。传销教材上把摊牌的时间规定为听课前的 5 分钟。这时候，对方已无法脱身。摊牌后，则有两种情况，如果对方听了课，迷迷糊糊，将信将疑时，传销组织就进入了第三个阶段——跟进"洗脑"。跟进的具体方式就是把人关在屋子里，由一群人利用人的求富心理加以引诱、说教。

(4)威胁或跟踪。如果给对方进行了听课、跟进这种传销组织主要的"洗脑"工作后，对方头脑仍然清楚，看穿骗局，那么传销组织就会变换一副面孔，进行威胁或跟踪。

(5)胁迫加盟。对方如果不愿加入，传销组织就会一直跟踪并加以人身威胁。在这种情况下，受骗上当的人走投无路，就会投入传销，再进行欺骗，由此造成恶性循环。

3. 传销的危害

(1)扰乱市场经济秩序。传销和变相传销违法活动往往伴随着偷税漏税、制假售假、走私贩私、非法集资、非法买卖外汇等大量违法行为，这不仅违反了国家禁止传销和变相传销的规定，还违反了税收、消费者保护、市场秩序管理、金融等多方面的法律规定。

(2)给参与者及其家庭造成伤害，对社会道德、诚信体系造成巨大破坏。传销和变相传销在给参与者造成经济损失的同时，给其家庭也造成巨大伤害，传销让家人反目，让家人痛不欲生。

(3)引发刑事犯罪，给社会稳定带来危害。传销造成绝大多数参加者血本无归，一些人员流落异地，生活悲惨，甚至跳楼轻生，还有一部分人员参与偷盗、抢劫、械斗、聚众闹事等违法行为，给人民生命财产安全和社会稳定造成严重侵害。

4. 对于传销欺诈的预防

(1)确保就业信息的真实。随着大学生就业社会化程度的提高，各种报刊和人才市场上的用人信息越来越多，而且真伪难辨，这就需要相关管理部门有所作为，对用人单位的基本情况、商业道德进行实地考察，避免有名无实。对于不能提供单位营业执照、联系人情况以及资料有疑点的用人信息，不能向学生发放，以防止虚假用人信息流向学生。这样，才能保证大学生有一个可靠的就业环境。

(2)规范招聘市场。如今一些招聘会的招聘单位良莠不齐，招聘单位的诚信度应引起足够重视，特别是一些非法招聘和"假招聘"，不但耽误了大学生的就业机会，还直接伤害了大学生的心理，使得求职大学生们对招聘会的信任度大大降低。对此情况，政府有关部门应及时出台相关制度规定，规范企业的招聘行为，并应在监督管理上形成合力，坚决打击非法招聘和"假招聘"行为，这样才能从根本上规范人才招聘会，为大学生就业和求职者择业带来福音。

(3)学校加强防范知识宣传。学校要在平时加强这方面知识的宣传，定期开展学生就业知识方面的讲座，增强学生的就业素质，培养大学生运用法律维护自己权益的意识。

(4)大学生加强防范意识。大学生也要加强防范意识，转变错误就业心理，学习相关预防知识，加强对传销欺诈的预防。

(5)国家加强对传销的打击力度。国家要加强对传销的打击力度，加强宣传，必要时制定相关法律维护受害者的权益。

(6)大学生不要感情用事。传销公司一般是熟人找熟人。俗话说："交朋友不言商。"这话有一定的道理，不要因朋友感情害了自己。有的人，只要朋友邀请，就什么都不问，不明不白地跟着干，结果陷入迷局，不能自拔。

二、常见就业陷阱及防范

对于刚刚走出校园，步入社会，初涉职场的大学毕业生来说，在外出求职的时候最容易遭遇就业陷阱。大学生就业陷阱是指招聘单位，或者其他机构或个人，利用大学生的社会经验不足、自我保护意识差、就业竞争激烈等，以提供就业机会为诱因，采用违法悖德等手段，与大学生达成权利与义务不相等的各类就业意向，来侵害大学生合法权益的现象。因此，对于刚刚或者即将走出大学校园的大学生来说，知晓必要的求职知识对于预防就业陷阱很有必要。

(一)就业陷阱的表现特征

当前大学生就业陷阱主要表现出以下四个典型的特征。

1. 诱惑性

诱惑性主要表现为招聘单位着力包装，夸大事实，并以单位各种招牌、荣誉、高薪、待遇和发展前景来诱惑大学生，从而达到欺骗大学生的目的。

2. 违法性

就业陷阱一般都具有违法性，主要表现在：有些是为留住人才而扣留大学生的户口、证件等；有些则迫使大学生签下“卖身契”；另外还有就是坑蒙拐骗，使大学生掉进违法分子挖下的高薪陷阱、培训陷阱、中介陷阱。

3. 隐蔽性

违法用人单位的各种伎俩都有十分华丽的诱人说辞，听起来入情入理，面面俱到，句句都令人心动：其实处处布下陷阱。涉世不深的大学生十分单纯，难辨真假，很快就成为猎获的对象。

4. 欺骗性

欺骗性主要表现为招聘单位以攻势强劲的虚假宣传，信誓旦旦的不实承诺来取得大学生的信任和很高期望，然后在协议中提出苛刻条件，隐藏不法目的。

安全字典

专家提醒求职的毕业生们，如果接到一些自己并不熟知或者并未投放简历的公司的面试通知，应该事先向有关部门查询、核实该公司的真实情况。

(二)就业陷阱的类型

1. 电话陷阱

一般而言，毕业生在收到用人单位的回应后，会主动进行联系。有些人正是利用毕业生的这一心理，假借联系工作发送短信给毕业生，让毕业生给一些收费很高的信息台回电话，以骗取高额电话费。

案例点击

北京某著名大学毕业生小李在人才网站上填写了简历并投递给多家企业。3月初，小李突然接到一家公司通知他去面试的电话。对方自称是台湾某知名LCD公司深圳分公司的招聘人员，在网上看了小李的求职简历后，觉得他很适合该公司的招聘岗位。小李因为以前曾听说过该企业，便和该“招聘负责人”详谈起来。

两天后，此人致电小李让他于3月5日到深圳进行体检和复试，并许诺工资在3500～4000元，公司还提供住房、保险等方面福利。小李答应前去复试。放下电话后，小李为保险起见，根据对方提供的公司名称在网站上查询该公司的详细情况。一查之下，他大吃一惊：原来该公司在深圳并未设有办事处。小李马上按照网站上提供的电话号码询问，得知该公司近期并没有招聘计划。这时，小李才知道自己被骗了。

【专家点评】

大学生求职受骗的案例很多，这就要求大学生一定要擦亮眼睛，不要被口头的待遇冲昏头脑，尤其是电话通知，应主动咨询和确认，再进行下一步的工作。

2. 培训陷阱

许多用人单位会以各种理由收取大学生就业者各种不合理费用，包括风险押金、培训费、置装费、建档费等，往往大学生交了钱之后却得不到用人单位的许诺。

案例点击

2016年3月11日上午，长春某大学大四女生小黄突然接到区号为“0760”的电话，电话那头的男子自称是中山盛益集团的员工，在网上看到了小黄的求职信息，邀请她到集团来工作，并让她给人事部的刘先生打电话。虽然之前确曾在一些人才招聘网上留下自己的信息，但有企业主动发出邀请还是让小黄觉得很意外，她当即给刘先生回复了电话。接电话的是一个略带湖南口音的男人，啰啰唆唆问了她20多分钟问题。小黄后来打电话询问了工商部门，得知这个自称“总资产达11亿元的广东省先进企业”并未注册。

【专家点评】

专家提醒求职的毕业生们，如果接到一些自己并不熟知或者并未投放简历的公司的面试通知，应该事先向有关部门查询，核实该公司的真实情况。

在学生就业高峰期，皮包公司开始活跃起来，不少网上“皮包”公司实是传销组织，有的则是以“制服费”等为由头，骗取求职者钱财。工商部门提醒求职者提高警惕，谨防上当。

3. 职位陷阱

有些公司招聘广告上说的是要招聘经理等高级职位，但是在学生交纳了一定的费用后，却安排他从基层做起，在一定的任务没有完成的时候就借口将他辞退，以此骗取他人劳动。

案例点击

据《西安晚报》报道，现年26岁的张勇是西安市阎良区电力部门的一名合同工。他在收电费过程中向村民吹嘘自己的能力特别大，只要交点“活动费”，想进什么单位都可以。夏某是张勇的远房亲戚，张勇提出当地一家派出所户籍警空缺，承诺可以出力，夏某一家拿3万元请他“活动”。张勇花了160元请人私刻了“陕西省西安市阎良区公安分局”的印章，将假章盖在了夏某的就业协议书上。但被学校识破，在夏某强烈要求下张勇被迫退款。张勇后来又骗取了7名大学生和家长的信任，先后拿到了16.5万元的“活动费”。受委托后，张勇就按照对方的要求请人在毕业生就业协议书上写下相应的单位，加盖上自己私刻的公章。通过这样的方法，张勇先后将这7名大学生“安排”到西安市阎良区国税局、环保局等单位。后张勇在作案时被民警当场抓获。

【专家点评】

不法分子利用求职者求职心切的心理，想方设法寻求机会，骗取钱财，私刻公章是其惯用伎俩。迷惑求职者的眼睛后，拿了钱财逃之夭夭。

毕业生要充分重视就业协议和就业合同，在签订合同时一定要仔细阅读各项条款，必要时咨询学校和老师的意见。并要和单位协商好各项条款签署公章，不能掉以轻心。

4. 工资陷阱

工资是一个很模糊的概念，所以毕业生在找工作的时候，不要只看表面工资多少，还要问清楚工资的成分。工资包含的内容很多，如福利、保险、奖金等。有的单位在招聘的时候，只说基本工资，其他如奖金、福利、保险等根本不包括在内。而有的单位尽管开出的工资不低，可是保险等需要扣除的项目也都包括在内，在扣除一些项目之后，最后所剩其实并不多。

5. 智力陷阱

有些单位按程序假装对应聘毕业生进行面试、笔试。在面试、笔试时，把本单位遇到的问题以考查的形式要求前来应聘者作答或设计，然后再找出各种理由推辞，结果无一人被录用，而将应聘者的劳动果实据为己有，如大学生的程序、广告设计方案。

6. 协议(合同)陷阱

不少单位在试用期间不签订劳动合同，所以常常会出现学生在试用期间要跳槽，按照劳动法律法规不需要承担违约责任，而单位则以就业协议为依据向学生提出索赔要求的情况。

7. 试用期陷阱

一部分用人单位正是利用试用期大做文章，主要表现为：在试用期内无正当理由辞退毕业生，以见习期代替试用期，约定两个试用期，续签劳动合同时重复约定试用期，将试用期从劳动合同期限中剥离，仅仅订立一份试用期合同，试用期工资低于当地的最低工资，试用期内单位不缴纳社会保险费，等等。

案例点击

小赵是大学毕业生，2015 年 3 月 18 日，杭州某家汽车公司聘请他在该公司国际事务部从事对外交流工作。当时谈定试用期 3 个月，试用期工资为 1500 元，等试用期满后基本工资 2500～2800 元。小赵满怀希望地开始工作，兢兢业业。但他干到第 3 个月时，人事部经理称通过这些天的考察，公司认为他不能胜任这项工作。由于没有任何证据驳斥对方，小赵只好离职。

【专家点评】

毕业生上岗后一般都会有 3～6 个月的试用期。有些单位利用这一条款，要么在这一期间少付工资，要么到期后蓄意辞退。

国家劳动法规定上岗有 3～6 个月的试用期。但是在上岗时，应当和单位签订好相关的协议条款，规定具体的使用期限、报酬等，最重要的就是违约金，不能含糊。

(三)防范就业陷阱应该采取的措施

(1)政府应严格审查用人单位进入毕业生就业市场的资格。严格规范就业市场秩序。同时也应对用人单位招聘工作进行一定程度上的引导和监督，使国家的有关法规和政策得以施行，创造良好的双向选择的人才市场环境。学校要加强对在校大学生，尤其是对应届毕业生进行有关法规政策的教育，为毕业生顺利走上工作岗位保驾护航。学校的就业指导应以务实为原则。加强就业政策、就业观念、就业心理、就业实践、就业技巧等方面指导，做好就业跟踪。对毕业生在求职中可能遇到的陷阱的识别、处理进行分析和教育。

(2)大学生到职业介绍机构找工作时应该尽量到劳动保障部门设立的人力资源市场，以避免引起不必要的争议。

(3)就业观点要务实，不要一味地追求高工资、高收益，不要刚开始工作就要求高的工作岗位，要脚踏实地，从小事、从最基本的做起。不要急于应聘一家用人单位，要冷静观察该单位的经营场所，看其是否有实质性的经营，是否有实质意义工作内容。

(4)观察面试官和公司环境。要多看，多注意细节性的环节，了解用人单位的情况。相由心生、以貌取人有时候也是可取的。观察公司环境主要考察公司地理位置、基本办公设备、员工人数等。面试任何公司之前都到网络上搜索一下相关信息、评论。搜索的内容可以包括公司的电话、公司的名称等。毕业生在签约前，最好到用人单位进行实地考察，对用人单位的运行情况，拟安排的岗位、工作条件、用工制度及工资住房、养老保险等各项待遇进行详细了解，切忌草率从事。

(5)有些用人单位在招用人员时，有意无意模糊招聘信息，如关于工资待遇、试用期方面的许诺条件等，招聘时许诺高薪，录用后却不兑现，导致产生纠纷。毕业生要提高自我防范认识，防止上当受骗。凡事多个心眼，多问几个为什么，在签订协议时，相关细节一定要核实清楚并留下证据，以防止用人单位在木已成舟后变卦，导致自身权益受到侵害。

三、职业发展与安全

职业发展规划或职业计划，是一个人制定职业目标，结合自身和外部条件，确定实现目标的手段的过程，它是个人一生中在事业发展上的战略设想和计划安排。职业发展规划设计的关键在于个人的职业目标和现实条件。职业发展规划设计是一个有机的、动态的、逐步展开的过程。在职业发展的早期，人们一般会有一个职业目标和实现目标的手段设想，但是在实际的工作过程中，人们的每一次经历、每一种职业体验，以及由于年龄的增长而引起的价值观和需要的变化，都会导致对自我的重新认识，从而修正自己的职业目标，因而职业规划路线也会相应发生变化。总之，大学生要重视求职安全，加强防范，为自己迈入社会踏出坚实可靠的一步，让自己的阅历更加丰富，为自己的生活打好基础。大学生对待职业发展与安全应该采取以下几种方式。

(1)积累经验，夯实基础。在校期间多参加社会实践活动，积累必要的社会经验，为自己未来的职业规划打下坚实的基础。

(2)学习相关法律法规，维护自己的权益。大学生在校期间应该多学习与自己未来就业相关的法律知识，在未来求职过程中遇到职业陷阱时，可以通过自己的法律知识维护自己的合法权益。

(3)学习专业知识，提高技能水平。大学生在校期间要以学业为主，多掌握与自己专业相关的技能，为自己未来就业做好准备。

(4)树立正确的人生观、就业观。不要以为去基层、去偏远地区就没有出息，只要肯努力、肯付出，在基层同样可为社会做出贡献。

(5)虚心听取成功人士的就业指导。大学生在规划职业的过程中，听取部分成功人士的意见是很有必要的。

知识汇总

1. 实验室防触电防辐射的措施

第一，实验前，要对各种移动电器和线路认真检查，确保绝缘性能良好。

第二，电线或电器盒盖破损要及时修复，以免高压导线裸露伤人。

第三，学生在实验中接触放射性物质时，应将放射性物品存放在防辐射箱内，使用完后必须及时入库保管。

2. 金工实训的注意事项

第一，在较大噪声环境中进行实训时，应注意个人防护，如戴耳塞、耳罩、耳棉等。

第二，进行弹、喷、射击等操作时不能对着人，以防伤人。

第三，用钻孔器、锥子、针等切割和穿透物品时，不应以另一只手给物品作垫层，以免穿透时被机械击伤。

第四，不能把手插进螺孔或管子中，以防毛刺刮伤。

第五，要正确使用玻璃器材。

第六，备好急救药品箱，结合实训一般伤害配备药品，以备急用。

3. 预防食物中毒

(1)精心选择与鉴别食品质量的优劣，是预防食物中毒的重要措施，对于不明性质的食物，不要轻易购买或食用。

(2)注意食品卫生，妥善保管好食品，避免苍蝇叮爬。

(3)食品存放时间不宜过长。

4. 大学生应该警惕的传销常用手段

(1)揣摩心理列名单。

(2)巧言邀约设骗局。

(3)摊牌翻脸相胁迫。

(4)威胁或跟踪。

(5)胁迫加盟。

5. 传销的危害

(1)扰乱市场经济秩序。

(2)给参与者及其家庭造成伤害，对社会道德、诚信体系造成巨大破坏。

(3)引发刑事犯罪，给社会稳定带来危害。

6. 对于传销欺诈的预防

(1)确保就业信息的真实。

(2)规范招聘市场。

(3)学校加强防范知识宣传。

(4)大学生加强防范意识。

(5)国家加强对传销的打击力度。

(6)大学生不要感情用事。

7. 就业陷阱的类型

(1)电话陷阱。

(2)培训陷阱。

(3)招聘陷阱。

(4)工资陷阱。

(5)智力陷阱。

(6)协议(合同)陷阱。

(7)试用期陷阱。

8. 防范就业陷阱应该采取的措施

(1)政府应严格审查用人单位进入毕业生就业市场的资格。

(2)大学生到职业介绍机构找工作时应该尽量到劳动保障部门设立的人力资源市场。

(3)就业观点要务实，不要一味地追求高工资、高收益。

(4)观察面试官和公司环境。

专题九
自护自救

9.1　一般事件预防与自救

9.2　户外活动安全预防与自救

在我们的学习、工作和生活中，常常会遇到他人受到意外伤害或受到安全威胁的情况。如果我们能给以力所能及的帮助和救护，就可能减轻他人受伤害的程度，或是避免他人的财产造成损失，或是挽救他人的生命。只有平时多积累自护自救的知识，在不幸遇到突发事件时，我们才能镇定自若，临危不惧，才有可能化险为夷。在日常生活中，有许多的疾病、事故是可以预防和避免的。据专家分析，除了不可抗拒的重大事故和灾害外，疾病、事故的可控制比例达到80%以上。可以说，掌握一定信息量的自护自救常识，是大学生全面提高自身综合素质的重要组成部分，也是作为一个现代人必须具备的基本素养。本专题仅就生活和工作中可能遇见的一些受伤害情形进行现场救护的知识做简单的介绍。

9.1 一般事件预防与自救

案例点击

2016年7月14日下午5时许，某高校王老师带着自己的爱犬在校园里溜达，学生魏某上前用手触摸了几下狗，谁知狗突然狂叫不停，还挣脱牵绳，冲上去连抓带咬地“报复”了他。魏某受伤后，王老师首先表示了歉意，但又说狗是挂牌的，今年春天刚打过狂犬疫苗，人不用打针了。过了一个月后，魏某被狗咬伤的伤口周围有麻木、痒痛的异常感觉，仿佛有蚂蚁在爬。去医院后，医生告知是被狗咬伤后没有及时消毒打防疫针，得了狂犬病。

【专家点评】

该案例给了我们以下几个方面的警示。

(1)夏天天气炎热，狗、猫等动物烦躁，人们衣着少，身体暴露多，被动物致伤的可能性大大增加，所以，与动物接触时要格外小心。

(2)尽量不要招惹不熟悉的动物或虐待、踢打动物，以免致其恼怒攻击致伤。

(3)被注射过兽用狂犬疫苗的狗咬伤，需要对伤口进行及时清洗消毒，注射狂犬病疫苗，因为兽用狂犬疫苗只能保护狗不发病，但狗仍有可能携带病毒。

(4)作为主人要看好自己的宠物，遛狗时不要松开牵绳，最好让狗与人群保持一定的距离。

一、止血与包扎

止血、包扎是外伤救护的基本技术。实施现场外伤救护时，现场人员要本着救死扶伤的人道主义精神，在通知就近医院的同时，要沉着、迅速地开展现场急救工作，其原则是先抢后救，先重后轻，先急后缓，先近后远；先止血后包扎。

(一)出血的种类

成人的血液约占其体重的 8%，失血总量达到总血量的 20%以上时，伤员就会出现脸色苍白、冷汗淋漓、手脚发凉、呼吸急促、心慌气短等症状，脉搏快而细，血压下降，继而出现出血性休克。当出血量达到总血量的 40%时，就有生命危险。

血液从体表伤口流出，称为外出血，易为人们所发现；而体内深部组织、内脏损伤出血，血液流入组织或体腔内的内出血，不易为人们所发现，更为危险。各种出血中，以动脉出血最为危险，必须及时止血。按照损伤血管的不同，出血可分为三种情况。

(1)动脉出血。其特点是鲜血呈喷射状搏动性向外涌出，血液呈鲜红色。

(2)静脉出血。伤口持续向外溢出暗红色的血液。

(3)毛细血管出血。伤口向外渗出鲜红色的血液。

(二)止血的方法

(1)加压包扎止血法。用消毒纱布或干净的毛巾、布块折叠成比伤口稍大的垫，盖住伤口，再用绷带或折成条状布带或三角巾紧紧包扎，其松紧度以能达到止血目的为宜(图 9-1)。此种止血方法，多用于静脉出血和毛细血管出血。加压包扎止血法适用于上下肢、肘、膝等部位的动脉出血，但有骨折或可疑骨折或关节脱位时，不宜使用此法。

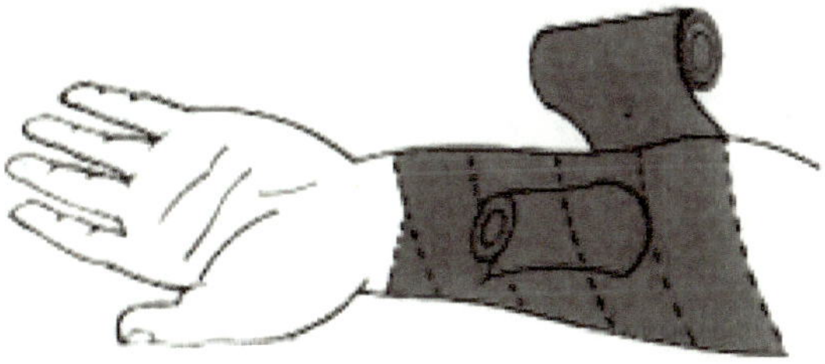

图 9-1　加压包扎止血法

(2)指压止血法。指压止血法是一种简单有效的临时性止血方法，它是根据动脉的走向，在出血伤口的近心端，用手指压住动脉处，达到临时止血的目的。指压止血法适用于头部、颈部、四肢的动脉出血，根据出血部位的不同，可分为以下几种。

①面部出血压迫法。用拇指压迫下颌角处的面动脉，如图 9-2 所示。

②头皮出血压迫法。头皮前部出血时，压迫耳前下颌关节上方的颞动脉，如图 9-3 所示。

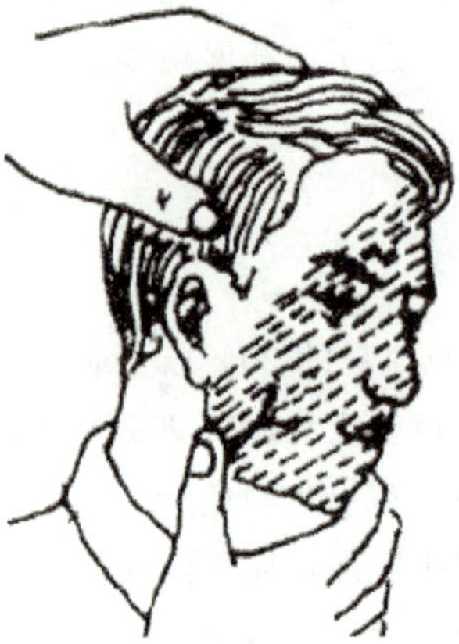

图 9-2 面部出血压迫法

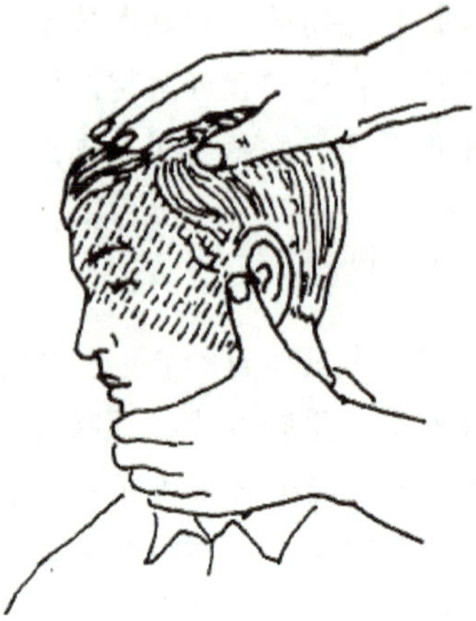

图 9-3 头皮出血压迫法

③上臂出血压迫法。一只手将患肢抬高，另一只手用拇指压迫上臂内侧的肱动脉，如图 9-4 所示。

④手掌出血压迫法。用两手拇指分别压迫腕部的尺动脉、桡动脉，如图 9-5 所示。

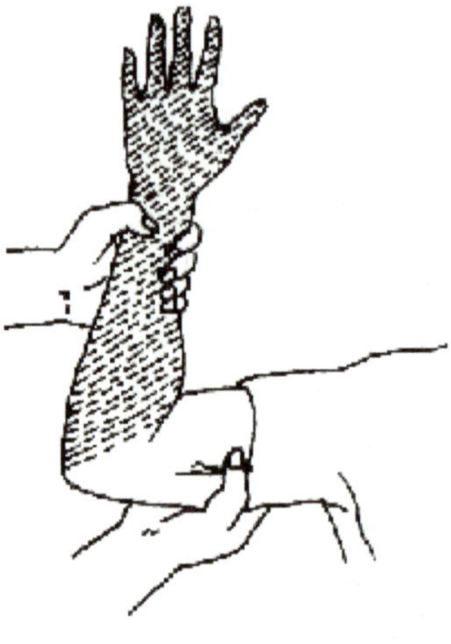

图 9-4 上臂出血压迫法

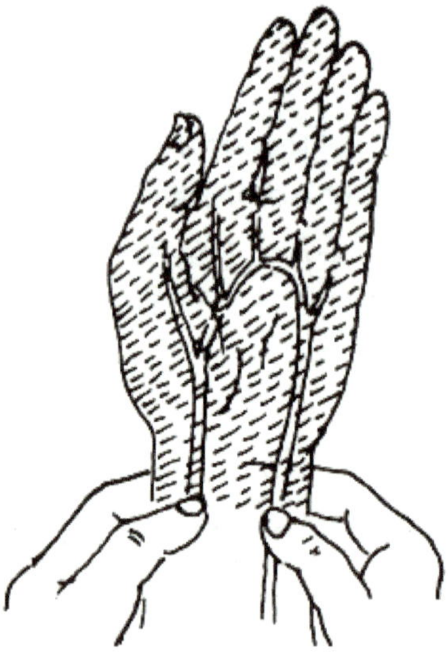

图 9-5 手掌出血压迫法

⑤下肢出血压迫法。用两手拇指重叠向后用力压迫腹股沟中点稍下方的股动脉，如图 9-6 所示。

⑥足部出血压迫法。用两手拇指分别压迫足背动脉和内踝与跟腱之间的胫后动脉，如图 9-7 所示。

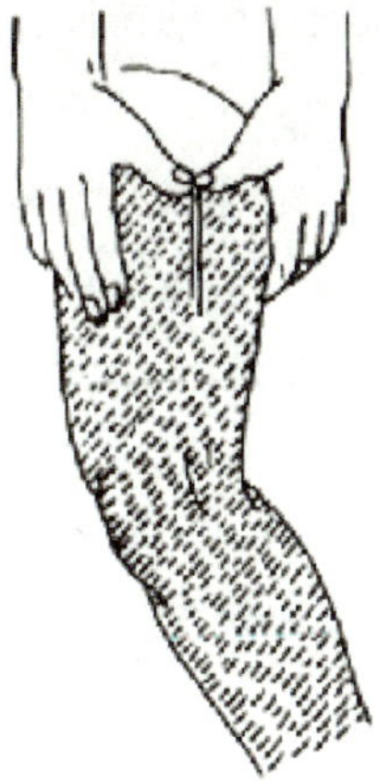

图 9-6　下肢出血压迫法

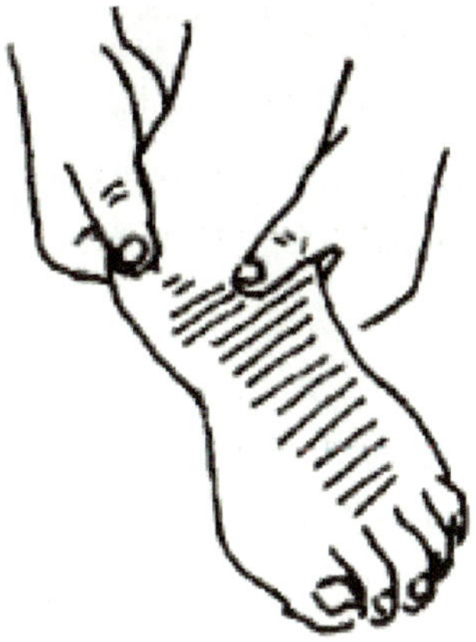

图 9-7　足部出血压迫法

(3)止血带止血法。止血带止血法是快速有效的止血方法，但它只适用于不能用加压止血的四肢大动脉出血。方法是用橡皮管或布条缠绕伤口上方肌肉多的部位(图 9-8)，其松紧度以摸不到远端动脉的搏动，伤口刚好止血为宜，过松则无止血作用，过紧则会影响血液循环，易损伤神经，造成肢体坏死。上止血带的伤员，必须在明显的部位标明上止血带的部位和时间；上止血带的时间超过两小时，要每隔一小时放松一次，每次 5～8 分钟，为避免放松止血带时大量出血，放松期间可改用指压法临时止血。

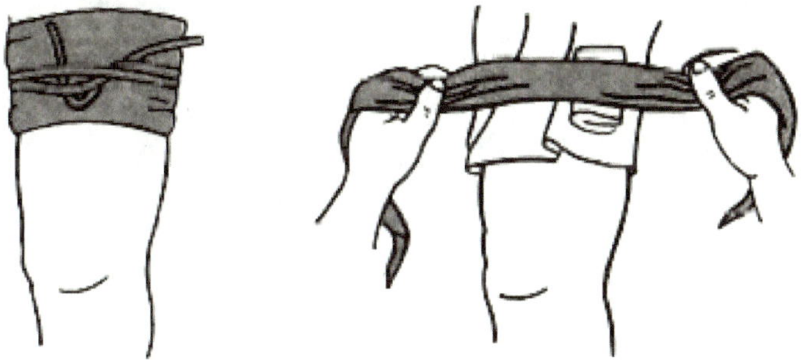

图 9-8　止血带止血法

(三)包扎

1. 包扎的目的和注意事项

包扎的目的在于保护伤口，减少感染，固定敷料夹板，挟托受伤的肢体，减轻伤员痛苦，防止刺伤血管、神经等严重并发症，加压包扎还有压迫止血的作用。

包扎要求动作轻、快、准、牢，包扎前要弄清包扎的目的，以便选择适当的包扎方法，并先对伤口做初步的处理，垫上敷料再包扎。包扎的松紧要适度，过紧则影响血液循环，过松则会移动脱落，包扎材料打结或其他方法固定的位置要避开伤口和坐卧受压的位置。为骨折制动的包扎应露出伤肢末端，以便观察肢体血液循环的情况。

2. 包扎的材料

(1)三角巾。用一块边长1米的正方形棉布，沿其对角线剪开即为两条三角巾。将三角巾的顶角折向底边的中央，再根据包扎的实际需要折叠成一定宽度的条带。若将三角巾的顶角偏折到底边中央偏左或偏右侧，则成为燕尾巾，其夹角的大小可视实际包扎需要而定。

(2)绷带。我国标准绷带长6米，宽度分3厘米、4厘米、5厘米、6厘米、8厘米、10厘米六种规格，供包扎实际需要选用。绷带的一头卷起为单头带，从两头卷起则为双头带。其长度可视包扎部位的需要而定。

(3)现场救护没有上述常规包扎材料时，可用身边的衣服、手绢、毛巾等就便材料进行包扎。

3. 包扎的方法

(1)三角巾头部帽式包扎法。将三角巾的底边向内折叠约两指宽，放在前额眉上，顶角向后拉盖头顶，将两底边沿两耳上方往后拉至枕部下方，左右交叉压住顶角绕至前额打结固定(图9-9)。

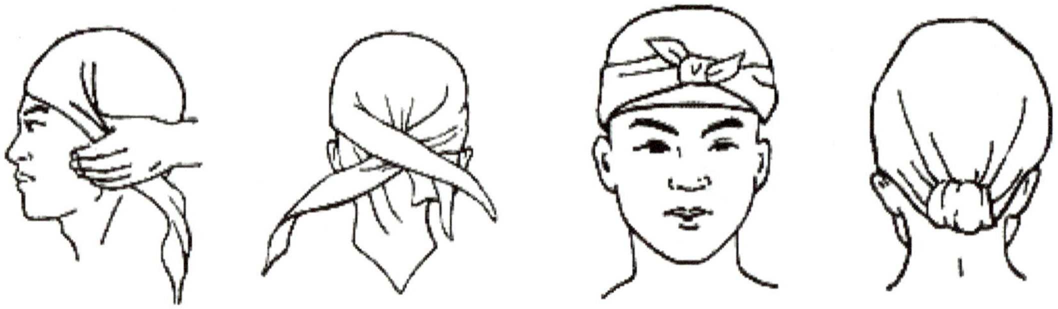

图9-9　头部帽式包扎法

(2)三角巾头、耳部风帽式包扎法。将三角巾顶角打一个结，置于前额中央，头部套入风帽内，向下拉紧两底角，再将底边向外反折2～3指宽的边，左右交叉包绕兜住下颌，绕至枕后打结固定(图9-10)。

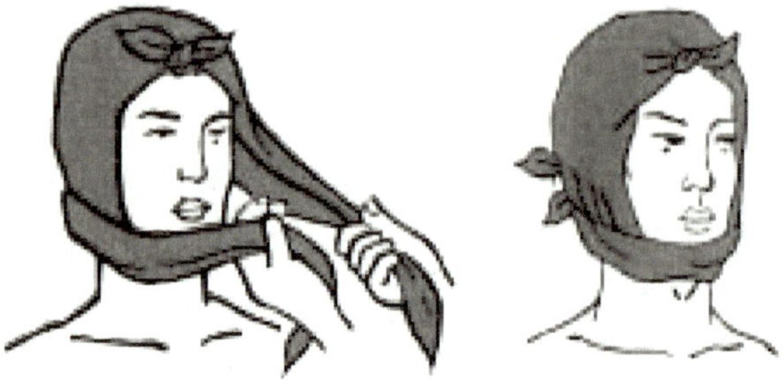

图9-10　头、耳部风帽式包扎法

(3)三角巾眼部包扎法。包扎单眼时，将三角巾折叠成四指宽的带状，斜置于伤侧眼部，从伤侧耳下绕至枕后，经健侧耳上拉至前额与另一端交叉反折绕头一周，于伤侧耳上端打结固定。包扎双眼时，将带状三角巾的中央置于枕部，两底角分别经耳下拉向眼部，在鼻梁处左右交叉各包一只眼，呈"8"字形经两耳上方在枕部交叉后绕至下颌处打结固定(图 9-11)。

图 9-11　三角巾眼部包扎法

(4)三角巾胸部包扎法。将三角巾的顶角置于伤侧肩上，两底边在胸前横拉至背部打结固定，后再与顶角打结固定。

(5)三角巾臀部包扎法。将三角巾顶角朝下放在伤侧腰部，一底角包绕大腿根部与顶角打结，另一底角提起围腰与底边打结固定。

(6)绷带环形包扎法。包扎手腕、胸、腹部等粗细大致相等的部位时，可将绷带做环形重叠缠绕，每一环均将上一环的绷带完全覆盖，为防止绷带滑脱，可将第一圈绷带斜置，环绕第二圈或第三圈时将斜出圈外的绷带角反扎到圈内角重叠环绕固定。

(7)绷带螺旋包扎法。此法多用于粗细相同的肢体、躯干处，先按环形法缠绕两圈，从第三圈开始上缠每圈盖住前圈三分之一或二分之一呈螺旋形，最后以环形包扎结束。

(8)绷带反折包扎法。此法应用肢体粗细不等处，先按环形法缠绕两圈，然后将每圈绷带反折，盖住前圈三分之一或三分之二，以此由下而上的缠绕，折返时按住绷带上面正中央，用另一只手将绷带向下折返，再向后绕并拉紧(绷带折返处应避开患者伤口)，最后以环形包扎结束。

二、蜇、咬伤的急救

春夏时节，大学生们会户外踏青、郊游，此时正是被各种动物咬伤、昆虫蜇伤的高发季节。有些动物或昆虫甚至带有毒性，正确的处理会大大减轻对身体的伤害。

(一)蜂蜇伤

1. 症状

一般只表现局部的红肿和疼痛，数小时后即自行消退，无全身症状。如果蜂刺留在伤口内(在红肿的中心可见一黑色小点)有时局部可引起化脓。如果被蜂群蜇伤，可出现全身症状，如头晕、恶心、呕吐，严重的可出现休克、昏迷甚至死亡；有的可发生血红蛋白尿，以致急性肾衰。过敏病人，即使是单一蜂蜇伤也可发生荨麻疹、水肿、哮喘或过敏性休克。

2. 处理

蜜蜂蜇伤可用弱碱性溶液外敷，以中和酸性毒素。黄蜂蜇伤则用弱酸性溶液中和。如果蜂刺留在伤口内，用小针挑拨或胶布粘贴，取出蜂刺，切记不要挤压。局部症状较重者，可采用火罐拔毒和局部封闭疗法，并给止痛剂或用抗组胺药止痒。也可采用中草药外敷。对有全身症状者，须立即就医进行对症治疗。

(二)蜈蚣咬伤

1. 症状

局部表现有急性炎症和痛、痒，严重者可发生坏死、淋巴结炎和淋巴管炎。可能出现头痛、发热、眩晕、恶心、呕吐、谵语、抽搐、昏迷等全身症状。

2. 处理

立即用弱碱性溶液洗涤伤口和冷敷，或用等量雄黄、枯矾研磨，以浓茶或烧酒调匀敷伤口。疼痛较重者可服用止痛药物，亦可用蛇药片内服或外敷，必要时清创。局部坏死、感染者、急性淋巴管炎者，应加用抗菌药物。

(三)猫狗咬伤

1. 症状

现在不少家庭饲养宠物，如不小心被猫、狗咬伤后，伤口局部会出现红肿、疼痛，严重的可引起淋巴管炎、淋巴结炎或蜂窝组织炎，如猫、狗染有狂犬病，其后果就更严重。因此，必须做好现场急救处理。

2. 处理

(1)冲洗伤口要分秒必争，以最快速度把沾染在伤口上的狂犬病毒冲洗掉。冲洗前应先挤压伤口，排去带毒液的污血，但绝不能用嘴去吸伤口处的污血。如果伤处在四肢，应在伤口上方结扎止血带，然后用大量的清水(10 000 毫升以上)或盐开水清洗伤口。因为猫、狗咬的伤口往往外口小，里面深，所以必须掰开伤口，让其充分暴露，冲洗完全。如伤口较深，冲洗时可用干净的牙刷、纱布和浓肥皂水反复刷洗伤口，并及时用清水冲洗，刷洗至少要持续 30 分钟。冲洗后要用干净的纱布盖上伤口。越早处理伤口越好，最好在 2 小时内进行。但即使延迟了一两天甚至三四天，也不应该忽视局部处理。如果此时伤口已结痂，应将结痂去掉后按上述方法处理。

(2)用 20%的肥皂水彻底清洗伤口，再用清水洗净，然后用 2%～3%的碘酒或 75%的酒精局部消毒或 5%石炭酸局部烧灼伤口。处理好的局部伤口，不需包扎，别涂软膏。

(3)尽快注射狂犬疫苗。被动物咬伤后应尽早注射狂犬疫苗，越早越好。首次注射疫苗的最佳时间是被咬伤后的48小时内。具体注射时间是：分别于当天、第3天、7天、14天、30天各肌内注射1支疫苗，如因诸多因素未能及时注射疫苗。应本着“早注射比迟注射好，迟注射比不注射好”的原则使用狂犬疫苗。

(四)毒蛇咬伤

1. 症状

有毒蛇与无毒蛇的鉴别，牙痕是个可靠依据。其他有毒动物如蜈蚣、毒蜘蛛等无牙痕。无毒蛇咬伤的有一排或二排细牙痕，而毒蛇咬伤则有一对大而深的牙痕，有时也有1个或3～4个的较大牙痕。被毒蛇咬伤后，伤者会出现多种症状。

(1)神经毒表现。一般红肿不重，流血不多，疼痛较轻，不久出现麻木感并向肢体近端蔓延。全身症状30分钟至2小时后出现，有时延长10余小时。表现为头晕、恶心、呕吐、乏力、步态不稳、眼睑下垂。重者视力模糊、言语不清、呼吸困难、皮肤紫绀，以致全身瘫痪、惊厥、昏迷、血压下降、呼吸麻痹、心力衰竭。

(2)血液毒表现。局部症状出现早且重，伤处剧烈疼痛如刀割，出血不止，肿胀明显，并迅速向近端扩散。皮肤紫绀，出水疱血疱并逐渐增大以致破溃。有明显淋巴管炎。重者组织坏死。也可出现出血、溶血，甚至肾衰、心衰，全身症状有全身不适、头晕、恶心、呕吐、腹痛、腹泻、关节痛、心悸、高热谵妄。

(3)混合毒表现。具有神经毒和血液毒表现。全身症状发展较快，死亡主要原因为神经毒所致。

2. 处理

(1)局部紧急处理。阻止蛇毒的吸收和加速毒液的排除，是防止中毒的重要环节。①结扎。切忌惊慌奔跑，应立即停止伤肢活动，就地取材在伤口上方(近心端)的相应部位进行结扎。20～30分钟松解一次，每次2～3分钟。一般在注射抗蛇毒素或服用蛇药后，结扎可解除。②切开冲洗。先用过氧化氢或肥皂水冲洗，消毒后将毒牙清除，然后切开，可用吸乳器或拔火罐进行负压吸引；也可用嘴吸(口腔破溃不能用此法)。敷料包扎后将伤肢置于低位。③局部解毒。用结晶胰蛋白酶在伤口周围注射。

(2)抗蛇毒治疗。用抗蛇毒血清，蛇药口服。

(3)严重中毒的给予对症治疗，呼吸衰竭出现较早应提高警惕。另外蛇咬伤伤口易感染，应给予抗生素和破伤风抗毒素。

三、触电的急救

人触电后不一定会立即死亡，但会出现神经麻痹、呼吸中断、心脏停搏等症状，外表上呈现昏迷的状态，此时要看作假死状态，如现场抢救及时，方法得当，人是可以获救的。现场急救对抢救触电者是非常重要的。

安全知识

触电救护方法

触电后1分钟开始救治者，90%有良好效果；触电后12分钟开始救治者，救活的可能性就很小。这说明在救护触电者的过程中，抢救时间是个重要因素。因此，争分夺秒，及时抢救是至关重要的。所以，平时大学生要多开展一些触电急救常识学习和触电急救培训。

1. 救护方法

当触电者脱离电源后，应根据触电者的具体情况，迅速组织现场救护工作。要视触电者身体状况，确定护理和抢救方法。

(1)触电者神志清醒，但有些心慌、四肢发麻、全身无力或触电者在触电过程中曾一度昏迷，但已清醒过来，应使触电者安静休息、不要走动、严密观察，必要时送医院诊治。

(2)触电者已经失去知觉，但心脏还在跳动，还有呼吸，应使触电者在空气清新的地方舒适、安静地平躺，解开妨碍呼吸的衣扣、腰带。如果天气寒冷，要注意保持体温，并迅速送往医院诊治。

(3)如果触电者失去知觉，呼吸停止，但心脏还在跳动，应立即进行口对口(鼻)人工呼吸，并迅速送往医院诊治。

(4)如果触电者呼吸和心脏跳动完全停止，应立即进行口对口(鼻)人工呼吸和胸外心脏按压急救，并迅速送往医院诊治。应当注意，急救要尽快进行，即使送往医院的途中也应持续进行。

对失去知觉的触电者进行抢救，一般需要很长时间，必须耐心持续地进行。只有当触电者面色好转，口唇潮红，瞳孔缩小，心跳和呼吸逐步恢复正常时，才可暂停数秒进行观察。如果触电者还不能维持正常心跳和呼吸，则必须继续进行抢救。触电急救应尽可能就地进行，只有条件不允许时，才可将触电者抬到可靠地方进行急救。在运送医院途中，抢救工作也不能停止，直到医生宣布可以停止为止。抢救过程中不要轻易注射强心针，只有当确定心脏已停止跳动时，才可使用。

2. 抢救过程中的注意事项

(1)在进行人工呼吸和急救前，应迅速将触电者衣扣、领带、腰带等解开，清除口腔内的假牙、异物、黏液等，保持呼吸道畅通。

(2)不要使触电者直接躺在潮湿或冰冷的地面上急救。

(3)人工呼吸和急救应连续进行，换压时节奏要一致。如果触电者有微弱自主呼吸，人工呼吸还要继续进行，但应和触电者的自主呼吸节奏一致，直到呼吸正常为止。

(4)对触电者的抢救要坚持进行。发现瞳孔放大、身体僵硬、出现尸斑应经医生诊断，确认死亡方可停止抢救。

四、运动性损伤的急救

(一)运动损伤产生的原因

造成运动损伤的原因是多方面的，既与锻炼者的运动基础、体质水平有关，也与运动项目的特点、技术难度以及运动环境等因素有关。其主要原因如下。

9-1　运动损伤分类及处理

(1)思想麻痹大意是导致运动损伤的主要因素，其中包括运动前不检查器材、不采取预防措施等。

(2)运动前准备活动不充分，特别是缺乏针对性准备活动，运动器官、内脏器官机能没有达到运动状态，容易造成损伤。

(3)运动情绪低下，或在畏难、恐惧、害羞、犹豫以及过分紧张时易发生伤害事故。有时也会因缺乏运动经验、缺乏自我保护能力致伤。学生身体处于疲劳或好胜好奇状态，也常会在盲目和冒失行为中受伤。

(4)体育锻炼内容组合不科学，练习方法不当，纪律松散以及技术上的错误等，都可造成损伤。

(5)运动场地狭窄，地面不平坦，器械安置不当或不牢固，学生拥挤或多种项目在一起活动，容易相互冲撞致伤。

(6)空气污浊、噪声干扰、光线暗淡、气温过高或过低，以及运动服装不符合要求等因素，都可能直接或间接造成运动损伤。

案例点击

武汉某高校召开秋季运动会，一名19岁的男生参加了3000米长跑。他在比赛过程中突然跌倒在跑道上，经校医紧急处理，送往广州军区武汉总医院急诊科，最后经抢救无效死亡。据急诊科副主任医师李小平介绍，该学生是因运动过量出现运动性昏厥而猝死。

【专家点评】

如果该学生了解一定的运动安全常识，这种悲剧是完全可以避免的。该案例给我们以下警示。

(1)参加比赛前，一定要对自己的身体状况有一个全面的了解，如患有一些潜在的疾病如高血压、冠心病、高血脂等，则不适合大强度的运动。

(2)在运动前应做好热身准备。

(3)在长跑比赛中，当出现全身无力、头昏耳鸣、眼前发黑这些症状的时候，应该迅速停止比赛，放松、调整身体，若情况严重应该及时向同伴或周围的人求助。

(二)常见运动损伤的急救

1. 常见运动损伤的处理与急救

(1)开放性软组织损伤。在体育运动中常见的有擦伤、撕裂伤、刺伤。这些损伤的共同点是有伤口和出血。

擦伤是身体表面与粗糙物相互摩擦造成皮肤组织的损伤；撕裂伤是由钝物打击所引起的皮肤和软组织裂开的损伤；刺伤则是由锐利器物刺入体内所致。

处理轻度擦伤时应进行表面消毒，注意伤口卫生；处理严重的擦伤、撕裂伤、刺伤时，则需要清洗伤口，并用抗菌药物治疗，大的伤口还需及时进行缝合、包扎，对有可能受污染的伤口，应注射破伤风抗毒素。

(2)闭合性软组织损伤。常见的闭合性软组织损伤有挫伤、拉伤和扭伤。损伤部位包括肌肉、肌腱、筋膜、韧带和关节囊等。

挫伤是由于打击、挤压、碰撞、摔跌等钝力直接作用于人体，使局部软组织受损而造成的；拉伤是由于突然而不协调的动作使肌肉、肌腱和筋膜或韧带受到过度牵拉所致；扭伤是因动作不慎，如拧转、挤压等使关节发生超常范围的活动，使韧带和关节囊受到损伤。

处理方法：

①减少或停止受伤肢体的局部活动或做局部固定，使受伤肢体得到休息。

②止血、防血肿。闭合性软组织损伤后，均有内出血发生。所以，应尽快止血，防止血肿的形成。其止血方法一般采用冷敷、抬高伤肢、加压包扎等。

③活血祛瘀，消肿止痛。闭合性组织损伤经24～48小时后，一般出血停止，这时可进行轻度推拿按摩和热敷、理疗，达到活血祛瘀、消肿止痛的目的。

④加强功能锻炼。防止受伤肢体组织的粘连与萎缩，促进损伤组织的愈合，促进活动能力的恢复。

(3)疲劳性骨膜炎。由于肌肉不断收缩牵拉松弛出血，引起骨膜炎。胫腓骨是常发生疲劳性骨膜炎的部位。特别是冬季长跑，由于足尖跑跳多，马路比较硬，腿部力量不足等原因所致。跑步时，后蹬疼痛是胫腓骨骨膜炎的特殊征象；局部出血，皮肤发红发热，有时局部水肿；有明显压痛，压痛区内能摸到骨面小结节。患小腿胫腓骨骨膜炎时，应减少跑量或停止长跑；包裹弹力绷带；按摩、理疗。

(4)骨折。由于外力作用，破坏了骨的完整性和连接性称为骨折。骨折分为闭合性骨折和开放性骨折。

骨折发生后，肢体形态发生改变，患部疼痛剧烈，有明显肿胀。骨折后，由于失去杠杆的支持作用，局部出现异常的假关节活动和骨擦音，导致功能障碍或丧失活动能力；严重骨折因疼痛、出血可能发生休克，甚至危及生命。

处理方法如下。

①止痛抗休克。骨折发生后，如有休克症状者，应先抗休克，取头低脚高平卧位、保暖；保持呼吸道畅通，给予止痛药。如受伤者昏迷不醒，可指掐人中、合谷穴使其苏醒。当发生开放性骨折大出血时，应迅速用止血带止血。

②伤口处理。开放性骨折的伤口要用消毒敷料覆盖包扎，但不能使骨折肢体发生移位。

③固定制动。用长短合适的夹板或代用品(木板、木棍、树枝)固定伤肢，或把伤肢与伤员的躯干固定在一起。固定时绷带包扎松紧要适度，以夹板固定不活动为宜。切不可随意复位，以免加重损伤。

④安全护送到医院。

(5)关节脱位。在外力作用下，使关节面彼此失去正常的联系关系，称为关节脱位，又叫脱臼。关节脱位一般都会引起关节囊撕裂和关节周围的韧带肌腱及其附着组织的损伤。受伤后脱位关节疼痛、肿胀、出现畸形，活动功能丧失。严重者，有时可能使血管、神经受损或伴有骨折。

关节脱位后，首先进行止痛抗休克，然后固定脱位关节，不得使之移动，更不得随意使用整复手法。做简易处理后，护送到医院进行整复、治疗。

(6)脑震荡。脑震荡是指头部受到外力打击或碰撞后，脑功能发生暂时性障碍。在运动损伤中，脑震荡较多发生在足球、拳击、体操等运动中。脑震荡发生时，受伤者会立即出现神志不清、意识丧失，一般在数分钟到半小时后方才清醒，脉搏、呼吸微弱，并有不同程度的头昏、头疼、恶心、呕吐等症状。

脑震荡发生后，应立即让受伤者平卧，保持绝对安静。严禁摇动、牵拉，不要随意移动位置。头部两侧用衣物填塞，以免左右摇晃，同时用毛巾浸湿冷敷头部，身体衣着要保暖。对神志不清者可用手指掐人中、合谷等穴，使其苏醒。病情严重者应立即送医院抢救。

2. 运动损伤的急救措施

运动损伤的急救，是对突然意外发生的运动损伤做初步临时性的紧急处理。其目的在于保护受伤者的生命安全，防止伤情加重、减轻疼痛、预防并发症，为进一步治疗创造条件。

(1)止血。(见前述)

(2)包扎。(见前述)

(3)搬运。经急救处理后，应迅速、安全地将受伤者送到医院治疗。若搬运方法不当，会使伤情加剧或造成不良后果。搬运方法有徒手搬运和担架搬运两种。可根据伤情、现场条件和设备选用。如对脊柱骨折者，应在担架上放置木板，置伤者于木板上，固定好后再搬运。

五、煤气中毒的应急处理与预防

煤气中毒是在环境通风不良的情况下，因使用煤气或煤烟炉而引起的头痛、乏力、眩晕、耳鸣、心悸等一系列反应，重者可危及生命。

(一)煤气中毒临床表现

(1)轻度中毒：头痛、眩晕、耳鸣、心悸。

(2)中度中毒：剧烈头痛、呕吐、烦躁不安、出汗、气急、嘴唇及指甲呈樱桃色。

(3)重度中毒：神志模糊或昏迷、呼吸短浅、脉动虚弱、大小便失禁及抽搐。

(二)治疗措施

(1)使患者迅速脱离中毒现场，转移到空气新鲜、通风良好处，并注意保暖。

(2)进行给氧治疗，高压氧治疗对煤气中毒是一种特效疗法，应尽早进行。

(3)需防治肺部感染及脑水肿。

(三)煤气中毒的预防

(1)查看使用的炉具是否完好。

(2)检查烟道是否畅通。

(3)检查烟筒接口是否完好，有无漏气现象。

(4)检查屋内安装的排气扇运转是否正常。

(5)使用管道煤气要经常查看管道是否漏气、开关是否拧紧。防止烧煮中火焰被扑灭后煤气大量溢出。

(6)使用燃气热水器，要保持通风良好，洗浴时间不宜过长。

六、心肺复苏法

当出现危重病人，或在郊外发生事故时，旁边可能只有一个人在场，掌握单人心肺复苏抢救法，对患者进行适当的处理，可使之免于不幸。

心肺复苏法是指伤者因各种原因造成心跳、呼吸突然停止后，他人采取措施使其恢复心跳、呼吸功能的一种系统的紧急救护法，主要包括气道畅通、口对口(鼻)人工呼吸、胸外心脏按压及所出现的并发症的预防等。

1. 呼吸、心跳情况的判定方法

救护人员应在最短的时间内判定伤者的呼吸、心跳情况。方法是：看病人的胸部、腹

部有无起伏动作；听病人的口鼻处有无呼气声音；用手试测口鼻处有无呼气的气流，或用手指测试喉结旁凹陷处的颈动脉有无搏动。如果既没有呼吸，又没有颈脉搏动，可判定病人呼吸、心跳停止。

2. 气道通畅

凡是神志不清的病人，由于舌根回缩和坠落，都可能不同程度堵住呼吸道人口处，使空气难以或无法进入肺部，这时就应立即开放气道。如果病人口中有异物，必须首先清除，操作中要注意防止将异物推到咽喉深部。

采用“仰头抬颏法”使气道畅通。抢救者一只手放在病人前额，另一只手将其下颌骨向上抬起，使其头部向后仰，舌根随之抬起，气道通畅。禁止用枕头或其他物品垫在病人头下，头部抬高前倾，会加重气道阻塞，而且会使得胸外心脏按压时流向脑部的血流减少，甚至消失。

3. 口对口(鼻)人工呼吸

病人仰卧，可在病人肩下垫些东西使其头部尽量后仰，鼻孔朝天。救护人在病人头部左侧或右侧，一手捏紧鼻孔，另一只手掰开嘴巴(如果张不开嘴巴，可以用口对鼻，但此时要把口捂住，防止漏气)，深吸气后紧贴其嘴巴大口吹气，吹气时要使其胸部膨胀，然后很快把头移开，让病人自行排气。对儿童施救时只能小口吹气，以胸廓上抬为准。抢救一开始的首次吹气两次，每次时间为 1～1.5 秒。

4. 胸外心脏按压法

让病人仰面躺在平硬的地方，救护人员立或跪在病人一侧肩旁，两手掌根相叠(儿童可用一只手)，两臂伸直，掌根放在心口窝稍高一点的地方(胸骨下 1/3 部位)，掌根用力下压(向病人脊背方向)，使心脏里面血液挤出。成人压陷 3～4 厘米，儿童用力轻些，按压后掌根快速抬起，让病人胸部自动复原，血液又充满心脏。胸外心脏按压要以均匀速度进行，每分钟 80 次左右。每次放松时，掌根不必完全离开胸壁。做心脏按压时，手掌位置一定要找准，用力太猛容易造成骨折、气胸或肝破裂，用力过轻则达不到心脏起跳和血液循环的作用。应当指出，心跳和呼吸是相关联的，一旦呼吸和心跳都停止了，应当及时进行口对口(鼻)人工呼吸和胸外心脏按压。如果现场仅一个人抢救，则两种方法应交替进行，救护人员可以跪在病人肩膀侧面，每吹气 1～2 次，再按压 10～15 次。按压吹气 1 分钟后，应在 5～7 秒内判断病人的呼吸和心跳是否恢复。如病人的颈动脉已有搏动但无呼吸，则暂停胸外心脏按压，而再进行 2 次口对口(鼻)人工呼吸，接着每 5 秒钟吹气一次，如脉搏和呼吸都没有恢复，则应继续坚持心肺复苏法抢救。在抢救过程中，应每隔数分钟再进行一次判定，每次判定时间都不能超过 5～7 秒。

在医务人员没有接替抢救前，不得放弃现场抢救。如经抢救后，伤员的心跳和呼吸都已恢复，可暂停心肺复苏操作。因为心跳呼吸恢复的早期有可能再次骤停，所以要严密监护伤员，不能麻痹，要随时准备再次抢救。

9.2 户外活动安全预防与自救

案例点击

湖北某高校学生魏某等8人，相约到郊外一小溪中游泳。8个人中只有张某会游泳。游泳过程中，大家突然听到“救命”的呼叫声，只见魏某掉进了深潭，在水中不停地挣扎。张某迅速去救，虽然是6月，但是溪水水温仍然很低，在施救的过程中，张某腿部抽筋，自己也险些发生意外。由于水太深，其他同学又不会游泳，只能眼睁睁地看着魏某沉入水底。半小时后，魏某被闻讯赶来的村民从水中救出时，年轻的心脏已停止了跳动。导致该惨剧发生的根本原因是这8名大学生缺乏安全意识。

【专家点评】

该案例给我们很多警示。

(1)不要到非游泳场所去游泳。

(2)对自己的游泳水平和身体健康状况要心中有数。平时四肢容易抽筋者不宜游泳，泳技或体质较差者不要离岸太远，更不要到深水区游泳。

(3)游泳前要做好充分准备，下水前先活动身体，带上救生圈等救生设备。

(4)救人者一般不宜直接下水救人，应借助救生圈、竹竿、树枝等工具进行救助。

一、游泳安全与溺水自救

(一)游泳应注意的安全问题

9-2 游泳安全与溺水救助

(1)不能一个人独自外出游泳，一个人去游泳最容易出问题，而且一旦出问题没有人相救。学生应该在熟悉水性的人带领下去游泳，以便互相照顾。要慎重选择游泳场所，不要到水况不明的江河湖海去游泳。水下情况不明时，不要跳水。如果集体组织外出游泳，下水前后都要清点人数并指定救生员做安全保护。

(2)选择好的游泳场所，对是否卫生，水下是否平坦，有无暗礁、暗流、杂草，水域的深浅等情况要了解清楚。一般情况下，凡是水况不明的江河湖海、山塘水库都不宜游泳；被污染了的河流、水库和有急流处、两条河流汇合处以及落差较大的河流湖泊，均不宜游泳；来往船只较多、受到污染和血吸虫等病流行地区的水域也不宜游泳。对于学生来说，最好的游泳场所就是室内游泳池，这里的安全系数最高。

(3)恶劣天气如雷雨、暴风、天气突变等情况下，也不宜在室外游泳。雷雨天气游泳可能会导致在水中被雷劈而出现危险情况；暴风天气游泳因风较大或风向转变，会使游泳者异常吃力，导致游泳者体力不支而出现险情。

(二)防止溺水

为保障游泳安全，防止溺水事故的发生，必须做到以下几点。

(1)要十分了解自己的水性，不要贸然跳水和潜泳，下水后不能逞能，更不能互相打闹，以免呛水和溺水。不要在急流和旋涡处游泳。

(2)要十分了解自己的身体状况，做好下水前的准备，先活动活动身体，如水温太低应先在浅水处用水淋洗身体，待适应水温后再下水游泳。另外，游泳时不要佩戴任何首饰，以免刺伤自己。

(3)要有一定的自救常识。在游泳时，如果突然觉得身体不舒服，如心慌、恶心、眩晕、气短时，要立即上岸休息或呼救；若小腿或脚部抽筋，可用力蹬腿或做跳跃动作或用力按摩、拉扯抽筋部位，同时呼叫同伴救助。

(三)溺水的自救与急救

溺水是由于大量的水灌入肺部，或冷水刺激引起喉痉挛，造成窒息或缺氧，若抢救不及时，几分钟内即可死亡。一旦发生溺水，等医院急救可能会失去宝贵的抢救时机，因此，必须掌握基本的自救方法，争分夺秒地进行现场急救。

1. 游泳溺水自救方法

游泳时发生溺水事件的概率很高，即使有不少地方采取了救护措施，有时候也难免会发生意外，所以游泳者应该了解溺水后的自救方法。

(1)不要慌张，保持镇静。手脚抽筋是最常遇到的溺水原因，一旦发生后，首先要迅速稳住身体，将抽筋肌肉拉直。

如果是手指抽筋，可将手握拳，然后用力张开，迅速多次重复该动作，直到抽筋症状消除。如果是脚趾抽筋，尽量找到接近浅水区或池壁的地方，如果短时间内找不到的话，最好的方式是先踩水，然后用力用手指将脚趾向上扳，或者用力猛蹬，反复重复这个动作，帮助抽筋的部位拉直。若是大腿或小腿抽筋，先吸一口气仰浮水上，采用拉长抽筋肌肉法，用抽筋肢体对侧的手握住抽筋肢体的部位，并用力拉扯，同时用同侧的手掌压在抽筋肢体的膝盖上，帮助抽筋腿伸直。

(2)呛水后慌张容易引起溺水。如果不慎呛水，要保持清醒的意识，迅速调整游泳姿势，保持好身体重心，这样会缓解呛水带来的后果，并使其慢慢消除。

(3)伴随着饥饿、紧张、疲劳、激动等不良状况和情绪下水，都会引起不舒服或晕眩。在水中发现此类情况的前兆后要立即上岸休息，补充糖分，如果事发突然，要紧急向岸边的救助人员或旁边的游泳者发出求救信号。

2. 水中救护的方法

水中救护是指发生水上事故时，对溺水者所采取的紧急救援，以及使其脱离生命危险的救护措施，通常可以分为间接救护和直接救护两种。

(1)间接救护。间接救护是指利用竹竿、浮球、救生圈、救生衣、木板等救护器材对溺水者进行紧急现场救护。当溺水者在水中需要救护时，只要有条件使用救护器材的，应尽可能使用，特别是对正在呼救、挣扎、离岸较近的人，要采取必要措施让其尽快脱离险境。如果救护者不会游泳，而且又没有救护工具，应立即大喊求救。

(2)直接救护。在间接救护条件不充分或溺水者已经处于昏迷状态时，要采用直接救护。在直接救护时，救护人员应注意下列几点。

①救护人员在下水救人前首先必须观察好溺水者的被淹地点，应在第一时间到确定的地点救人。其次，要看清楚溺水者的浮沉情况，如果溺水者已经昏迷，首先要把溺水者的脸部托出水面，然后托举溺水者，若溺水者正在挣扎，须从后面接近溺水者，避免被溺水者抱住。

②救护人员下水救人时，要沉着冷静，要先观察水情，选择合适的下水地点和措施，救护人员跳水的方法最好是腿部向下，切忌头部先入水。救急流中的溺水者，应从溺水者的斜前方入水，朝溺水者游去，方法不正确容易导致救护人员受伤，影响救援。如溺水者已经沉没，应迅速寻找打捞。救护人员一般采用反蛙泳或侧泳将溺水者拖带至岸边。

③救护者救人时应游到溺水者后方，用左手从其左臂和上半身中间握住溺水者的右手或拖住溺水者的头，用仰泳方式将其拖到岸边。溺水者如果把救护者抱住不放，救护者应想办法与溺水者脱离，然后再救。

2. 水中解脱法

游泳者在溺水过程中的习惯动作是胡乱挣扎，只要抓到东西，就像抓到了“救命稻草”，不肯松手，连救护人员也可能被溺水者抱住而加大了救护的难度，甚至出现溺水者和救护者都出现险情的局面。

(1)虎口解脱法。如果救护者的手臂被溺水者抓住，救护人员可以用被抓的手臂用力按压溺水者的虎口，可迫使溺水者的手指松开。

(2)扳指解脱法。若溺水者从背后抓、抱救护者时，乘溺水者两臂未抱住时可用力反扳溺水者的中指而避免被抓、抱。

(3)推扭解脱法。若溺水者从前面抓、抱救护者时，乘溺水者两臂未被抱住时可推托溺水者下颚，或扭转溺水者颈部。

(4)托肘解脱法。若溺水者从前或后把救护者的身体及两臂抱住时，可把溺水者的肘部上托，身体下钻，以免出现两人都不能动弹的局面。

3. 对溺水者的急救

在游泳中遇到溺水事故时，现场急救刻不容缓，心肺复苏最为重要。将溺水者救上岸后，要立即清除其口腔、鼻咽腔的呕吐物和泥沙等杂物，使溺水者保持呼吸通畅，松解溺水者的衣领、纽扣、乳罩、内衣、腰带、背带等，同时注意保暖；将溺水者的舌头拉出，以免舌头后翻堵塞呼吸道；将溺水者的腹部垫高，使胸及头部下垂，或抱其双腿将腹部放在急救者肩部，做走动或跳动“倒水”动作。恢复溺水者呼吸是急救成功的关键，应立即进行人工呼吸，可采取口对口或口对鼻的人工呼吸方式，在急救的同时应迅速送往医院救治。

二、预防雷电与自救

雷电是常见的自然现象，它实质上是天空中雷暴云中的火花放电，放电时产生的光就是闪电，闪电使空气受热迅速膨胀而发出巨大的雷声。在雷雨交加的天气里，很容易遭受雷击，严重的时候还可能致人死亡。2014 年 5 月 23 日 16 时许，重庆市开县义和乡兴业村小学遭雷击，造成 7 名小学生死亡，30 多名小学生受伤，其中重伤 5 人。

雷电直接击中人时肯定会对人造成伤害，但有时，即便没有被雷电直接击中，因为离雷击点很近也能造成事故。因此，雷电发生时，要采取有效的措施，以防遭受雷击。

如果外出时遇到雷雨天气，要尽量采取措施躲避雷击。

(1)装有避雷针的、钢架的或钢筋混凝土建筑物可以作为避雷场所。具有完整金属车厢的车辆也可以利用，因其屏蔽作用，就算闪电击中汽车，也不会伤人。因此，车厢是躲避雷击的理想地方，但不要坐敞篷车。

(2)如找不到合适的避雷场所，应尽量降低重心和减少人体与地面的接触面积，可蹲下，双脚并拢，双臂抱膝下蹲，头部下俯，身向前屈，尽量降低身体的高度。

(3)远离铁栏及其他金属物体，如果手中有导电的物体(如铁锹、金属杆雨伞)，要迅速抛到远处，千万不能拿着这些物品在旷野中奔跑，否则会成为雷击的目标。并非直接的电击才足以致命，闪电击中导电体后，电能是在瞬间释放出来，向两旁射出的电弧可达几米，炽热的电光使四周空气急剧膨胀，产生冲击波，这些冲击波发出的声音就是雷声，若在近处听到，强大的声波可能震伤肺部，严重时可把人震死。

(4)如果在野外，一定不能到旗杆、大树、烟囱、电杆等高耸的物体下站立，千万不要靠近空旷地带或山顶上的孤树，这些位置最易受到雷击。不要待在开阔的水域或小船上，以及干草堆、帐篷等物体附近。不要在露天的游泳池或湖泊游泳。不要在山洞口、大石下或悬岩下避雷，因为雷电引起的火花及电流从这些地方通过时产生的电弧可以伤人，而深邃的山洞很安全，应尽量往里面走。

(5)若此时正处于野外的人群中，无论是运动的，还是静止的，人与人之间都应拉开几米的距离，不要挤在一起。雷电时，最好不要骑马、骑自行车和摩托车，不要靠近避雷设备的任何部分，不要打手机。若感觉头发竖起或皮肤发生颤动时，可能要发生雷击了，应立即蹲下。

一般而言，在室内比室外遭受雷击的可能性要小得多，但如果不注意有关事项，还是有可能遭受雷击。那么，要注意哪些事项呢？具体来说，在雷雨天气里，要注意以下几项。

(1)无特殊需要，尽量不要外出，不要上到露天阳台或楼顶。

(2)紧闭门窗，尽量离窗子远一点，不靠近屋舍的外围墙。

(3)关闭使用中的电器，拔掉电源插座，不用手接触或靠近电源线。

(4)不淋浴，不接触自来水管、煤气管、天线等。

(5)关闭收音机，关闭手机。

遭受雷击后，要竭力救护。强大的雷电电流通过人体时，对人体的主要危险不是灼伤而是神经麻痹和心脏停搏。人体受雷电电流冲击后，心脏跳动速率极不规则，出现停跳或者颤动，血液循环中止，造成脑神经损伤，人在几分钟内就可能死亡。如果及时抢救，如做人工呼吸、心肺复苏来恢复心跳和呼吸，有复活的可能。

另外，雷击可能使伤者的衣服着火，也可能会熔化伤者的金属饰物和表带。当受雷击衣服着火后，一定不要惊慌和奔跑，否则火越烧越旺。要立即躺下，然后按照火灾处理办法熄灭身上的余火。如果触电者昏迷了，应以卧姿安置伤者，给伤者盖上厚衣物保暖，然后立即进行触电急救、人工呼吸等。

三、中暑的预防与自救

中暑是由于体热平衡失调，水、盐代谢紊乱或阳光直射头部导致脑膜脑组织受损等所引起的一种急性过热性疾病的总称。

9-3 中暑

中暑是由高温热浪引起的，同时还与空气湿度、风速、劳动强度、高温环境暴晒时间、体质强弱、营养状况及水盐供给和健康状况等情况有关。根据实验，在下列条件下，人体的体温调节会发生困难：气温30～31℃，相对湿度85%；气温38℃，相对湿度50%；气温40℃，相对湿度30%。可见，湿度增加相当于加剧了高温对人的影响。

(一)中暑的表现

(1)中暑的先兆状况常见的有全身疲乏无力，大量出汗，口渴、头昏、头痛、胸闷、恶心呕吐、注意力不集中、步态不稳、体温升高等。此时如及时到荫凉处休息，补充水盐，在短期内症状即可消失。

(2)中暑的表现以中暑虚脱最为常见，以老年人及心脏病患者居多。类似单纯性晕厥，发病突然，面色苍白，皮肤湿冷，体温不高，血压偏低，脉搏频率高，此时多数患者在离开高温现场，平卧片刻后即可清醒。严重时出现昏倒，甚至神志不清。

另有一种是失盐性中暑衰竭，以低钠血症为主，患者无口渴，表现为头痛、恶心、呕吐、腹泻、四肢麻木、乏力及肌肉痛性痉挛，精神症状可见神志淡漠、昏厥、木僵、昏迷等。

安全字典

夏季天气炎热，而教室里和图书馆内因有空调，和外部温差较大，导致许多大学生一到室外，就变得非常不适，以致中暑。因此，夏天大学生们应避免长时间在烈日下活动，可多喝些加盐的凉开水，吃一些清热解暑的食品。

(二)急救治疗

(1)迅速走到荫凉通风的环境躺下，头稍垫高，脱去衣裤，用电扇扇风。同时用冷水擦身或喷淋，以加快体内热量的散发。

(2)有条件的可用酒精擦身加快散热。也可将冰块装在塑料袋内，放在额头、颈部、腋下和大腿根部。若无电扇、冰块，也可将身体直接浸泡在河水或海水之中降温。上述降温处理时间不宜过长，只要人体体温下降即可。

(3)为避免皮肤很快冷却引起皮下血管收缩，妨碍体内热量散发，中暑者还应不时按摩四肢及躯干，直至皮肤发红，以促使循环血液将体内热量带到体表散出。

(4)如果中暑的不是自己，而是别人时，对于神志清醒者，可喂清凉饮料、糖盐水或藿香正气水等清热解暑药。若病人昏迷不醒，则可针刺或用手指甲掐病人的人中穴(位于鼻唇之间中上 1/3 交界处)、内关穴(位于手腕内侧上方约 5 厘米)以及合谷穴(即虎口)等，促使病人苏醒。出现呕吐的，应将其头部偏向一侧，以免呕吐物呛入气管引起窒息。对于高烧不退或出现痉挛等表现的病人，在积极进行上述处理的同时，应将其尽快送往医院抢救。

(5)如果是在潮湿闷热的环境中大量活动过度疲劳，面色苍白、皮肤湿冷、心慌、呼吸困难，应尽快到凉爽通风的地方躺下，松解衣领、腰带，保持呼吸道通畅，用冷毛巾湿敷前额及颈部即可。

(6)中暑的人必须在凉爽通风处充分安静休息，并饮用大量糖盐水以补充体液损失。因此时体内的抗中暑机能处于疲劳状态，若再重回炎热的环境或参加体力活动，则后果将比上次中暑更加严重。

(三)中暑的预防

(1)加强预防中暑的卫生宣传教育，宣传防暑知识，让人们了解中暑的先兆、预防中暑的方法，应采取的措施，提高人们在暑热季节、热气候中的自我保护能力。

(2)开展耐热锻炼，提高热适应能力。人体对环境是有适应能力的，对热环境也是一样，即通过在热环境下，逐渐增加劳动和锻炼强度、时间，使机体对热的耐受能力提高。

(3)清凉饮料和营养的合理补充。

①如0.1%～0.2%的盐水，每人每天4～7升。

②多吃些容易消化、热量高的食物，如标准粉、小米、豆类、动物内脏和蛋类，宜多吃绿叶蔬菜类食物。

安全知识

地震之后，如何防疫

地震后，生态环境、卫生基础设施、供电供水设施等都极有可能遭到破坏，饮用水源也可能会受到污染，导致传染病的发生。地震后要注意防治各种疫病。

(1)严防水源污染导致的肠道传染病。饮食、饮水不干净引起的肠道传染病，包括霍乱、甲肝、伤寒、痢疾、感染性腹泻、肠炎等。预防措施如下。

①保证水源卫生。取水点周围50米内禁止大小便和乱丢垃圾，保证饮用水的安全。

②饮食、饮水卫生。不喝生水和来历不明的水，不吃腐烂变质的食品。

(2)提防蚊虫传播的传染病。蚊虫传播的传染病，包括乙脑、黑热病、疟疾等。预防措施：防蚊、灭蚊、驱蚊；注意引流居住地附近的污水，喷洒药物消灭蚊虫；睡觉的地方最好有蚊帐，周围喷洒驱蚊药剂；野外救援时尽量穿吸汗的长袖服装，裤腿要包扎严实，必要时戴防蚊面罩；随身携带风油精备用，睡觉时在身体暴露部位喷洒；万一出现寒冷、高热、举动异常，及时与医生联系，寻求帮助。

(3)消除人畜共患病和自然疫源性疾病。

①做好以防鼠、灭鼠和杀虫、灭蚊为主的环境整治工作，降低蚊、虫、鼠等传播媒介的密度。

②管好家禽家畜，猪、狗、鸡应圈养，不让其粪便污染环境及水源，农家肥充分发酵后再施用，死禽、死畜要消毒后深埋。

③病人的粪尿要经石灰或漂白粉消毒后集中处理。

④临时居所和救灾帐篷要搭建在地势较高、干燥向阳的地带，在周围挖防水沟，要保持一定的坡度，以利于排水和保持地面干燥。

⑤床铺应距离地面2尺以上，不要睡地铺，减少人与鼠、蚊等的接触机会。

(4)注意呼吸道传染病。灾民和救援人员身心疲惫，很容易发生感冒、麻疹、风疹、流脑等呼吸道传染病。

预防措施：

①注意防寒保暖，去人多的地方应戴口罩。

②消除过分紧张情绪，保证睡眠充足。

③摄入足够营养。

④有慢性肺气肿、糖尿病、尿毒症等易发肺炎者，可接种肺炎链球菌疫苗一次。

⑤一旦出现发热、咽痛、咳嗽等症状，要多休息，大量饮用开水，并尽快就医。

知识汇总

1. 止血的方法

包括加压包扎止血法、指压止血法和止血带止血法。

2. 指压止血法

(1)面部出血压迫法。用拇指压迫下颌角处的面动脉。

(2)头皮出血压迫法。头皮前部出血时，压迫耳前下颌关节上方的颞动脉。

(3)上臂出血压迫法。一只手将患肢抬高，另一只手用拇指压迫上臂内侧的肱动脉。

(4)手掌出血压迫法。用两手指分别压迫腕部的尺动脉、桡动脉。

(5)下肢出血压迫法。用两手拇指重叠向后用力压迫腹股沟中点稍下方的股动脉。

(6)足部出血压迫法。用两手拇指分别压迫足背母长肌腱外侧的足背动脉和内踝与跟腱之间的胫后动脉。

3. 抢救触电者过程中的注意事项

(1)在进行人工呼吸和急救前，应迅速将触电者衣扣、领带、腰带等解开，清除其口腔内假牙、异物、黏液等，保持呼吸道畅通。

(2)不要使触电者直接躺在潮湿或冰冷的地面上急救。

(3)人工呼吸和急救应连续进行，换人时节奏要一致。如果触电者有微弱自主呼吸时，人工呼吸还要继续进行，但应和触电者的自主呼吸节奏一致，直到呼吸正常为止。

(4)对触电者的抢救要坚持进行。

4. 煤气中毒临床表现

(1)轻度中毒：头痛、眩晕、耳鸣、心悸。

(2)中度中毒：剧烈头痛、呕吐、烦躁不安、出汗、气急、嘴唇及指甲呈樱桃色。

(3)重度中毒：神志模糊或昏迷、呼吸短浅、脉动虚弱、大小便失禁及抽搐。

5. 水中解脱法

水中解脱法包括虎口解脱法、扳指解脱法、推扭解脱法、托肘解脱法。

6. 中暑的表现

(1)中暑的先兆状况常见的有全身疲乏无力，大量出汗，口渴、头昏、头痛、胸闷、恶心呕吐、注意力不集中、步态不稳、体温正常或升高。

(2)中暑的表现以中暑虚脱最为常见，以老年人及心脏病患者居多。类似单纯性晕厥，发病突然，面色苍白，皮肤湿冷，体温不高，血压偏低，脉搏频率高。严重时出现昏倒，甚至神志不清。

参考文献

[1] 杜钢清，胡琦峰，徐泽民．大学生安全教育[M]．武汉：华中科技大学出版社，2007.

[2] 上海市高等教育学会保卫学研究会．上海市大学生安全教育读本[M]．上海：同济大学出版社，2010.

[3] 中国高等教育学会保卫学专业委员会．大学生安全教程[M]．2版．武汉：武汉大学出版社，2010.

[4] 李晋东．大学生安全教育读本[M]．西安：陕西师范大学出版社，2009.

[5] 通识教育规划教材编写组．大学生安全教育[M]．北京：人民邮电出版社，2009.

[6] 任婉玲，庄雷．大学生安全教育[M]．北京：科学出版社，2009.

[7] 中共北京市委教育工作委员会．大学生安全知识[M]．北京：机械工业出版社，2008.

[8] 张剑虹．大学生安全教育读本[M]．重庆：西南大学出版社，2008.

[9] 陈最华．大学生安全教育[M]．长沙：湖南人民出版社，2009.

[10] 宋志伟，燕国瑞．大学生安全教育[M]．北京：清华大学出版社，2007.